DU MÊME AUTEUR, AUX ÉDITIONS LEDUC.S

Vive l'autohypnose ! c'est malin (livre + CD), 2015

Mieux communiquer grâce à la PNL, c'est malin, 2014

L'autohypnose, c'est malin, 2014

Maquette : PCA
Illustrations : Fotolia

17, rue du Regard
75006 Paris – France
ISBN : 979-10-285-0171-6
ISSN : 2425-4355

C'EST MALIN
POCHE

J.-M. JAKOBOWICZ

SURMONTEZ VOS PEURS

Téléchargez des séances d'hypnose audio exclusives ainsi que des séances vidéo ! Rendez-vous à la page 191 !

LEDUC.S ÉDITIONS

J'aimerais dédicacer ce petit livre à mes patients.
Ils m'ont honoré de leur confiance et j'espère avoir pu les aider à passer un cap difficile.
Merci à eux pour tout ce qu'ils m'ont appris.

AVERTISSEMENT

Les conseils et exercices préconisés dans ce livre ne sauraient remplacer un avis médical. La pratique de l'autohypnose relève de la seule responsabilité du lecteur, qui veillera à ne pas l'exercer dans des situations requérant toute son attention.

SOMMAIRE

POUR COMMENCER

La peur est une émotion primaire que l'on retrouve chez de nombreux êtres vivants, que ce soit dans le règne animal ou chez les humains. Cette peur, comme nous le verrons dans la première partie de ce livre, a un rôle vital. Elle nous protège de nombreux dangers. Mais elle peut aussi devenir un parasite extrêmement nocif lorsqu'elle revêt des aspects compulsifs, violents, paralysants, et être la source de nombreux maux psychiques, mais aussi somatiques.

Ce petit livre ne prétend pas être un traité exhaustif sur la peur et ses dérivés comme l'angoisse, l'anxiété, les accès de

panique et les phobies. Ce que j'aimerais vous communiquer à travers ces quelques pages, ce sont des méthodes pratiques pour sinon vaincre, tout du moins vivre mieux avec vos peurs. Les méthodes que je vous propose sont essentiellement basées sur mon expérience de thérapeute. Comme j'utilise en grande partie l'hypnose pour aider mes patients, c'est cette technique qui dominera l'ensemble de cet ouvrage, mais pas seulement. Si l'hypnose est ma technique de prédilection, ce n'est pas la seule que j'emploie, loin de là. Dans le cas des phobies j'utilise, en complément de l'hypnose, une approche qui va consister à changer le comportement de mon patient face à sa phobie. Cette approche nécessite, entre autres, une « confrontation progressive » avec le réel qui, à terme, produit des résultats significatifs.

Ce livre se divise en deux grandes parties. La première de ces parties est une explication de ce que sont la peur et les pathologies qui en dérivent. Ces explications sont simples car je ne veux pas vous submerger de termes techniques ennuyeux et parce que, entre nous, même s'il existe de nombreux ouvrages à ce sujet, les recherches dans ce domaine sont embryonnaires. En effet, les recherches sur le cerveau, siège et source de nos peurs, en sont, pour le moment, aux tout premiers tâtonnements. Ce domaine offre des perspectives passionnantes pour faire évoluer les thérapies liées à la peur, mais pour l'instant, elles restent des « perspectives » et non des réalités.

Dans la seconde partie de cet ouvrage, j'aborderai les différentes techniques que j'utilise pour aider mes patients à dépasser leurs peurs. Ces techniques sont présentées à partir de cas réels que j'ai rencontrés, avec bien sûr les précautions d'usage quant à l'anonymat des patients. Ces techniques sont simples et vous pourrez les utiliser seul. Vous ne trouverez pas dans ce livre des formules telles que : « il n'y a qu'à... » ou « il suffit de... » Ce sont des formules que je trouve insupportables car elles font peser un poids supplémentaire sur les épaules des personnes qui ne parviennent pas au résultat voulu. Si je devais résumer en quelques mots mon approche, elle est avant tout douce et légère, et repose sur l'idée qu'ensemble, nous pouvons dépasser vos peurs.

Ce livre n'est pas un livre de magie avec des formules toutes faites qui vous permettraient de résoudre tous vos problèmes liés aux peurs.

Mon ambition en écrivant ces lignes est de vous montrer qu'il est possible de les surmonter pour vivre mieux, plus tranquille et en paix avec soi-même.

1

LA PEUR ET SES DÉRIVÉS, EN BREF

Chapitre 1

Au début était la peur

En ce début de première partie, je ne peux m'empêcher d'avoir une pensée émue pour les aventures d'Astérix et d'Obélix, et plus particulièrement celles mettant en scène de valeureux Normands venus depuis les terres du Nord pour apprendre ce qu'est la peur car ils ont entendu dire que « la peur donnait des ailes » et que leur rêve est de pouvoir voler. Mais un monde sans peur, est-ce une si bonne idée ?

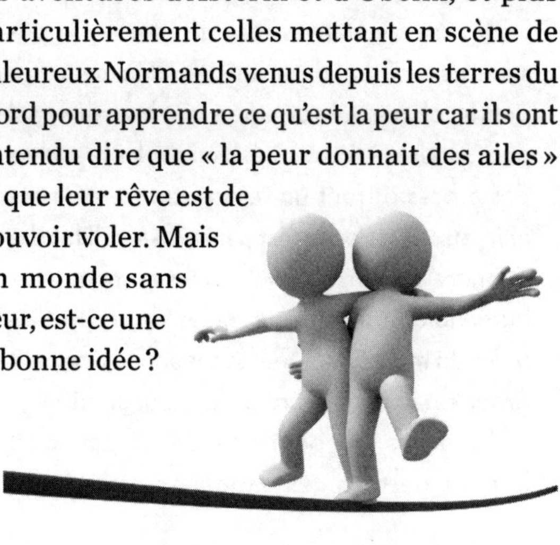

LA SAVANE AFRICAINE IL Y A UN PEU PLUS DE 2 MILLIONS D'ANNÉES

Le soleil se couche sur la savane africaine, le ciel devient de plus en plus sombre. Un groupe d'humanoïdes se serrent les uns contre les autres. La nuit approche et avec elle ses multiples dangers. Dans le noir, pour ces êtres fragiles qui ne voient pas la nuit, tout est menaçant. Les autres animaux, pour la plupart plus puissants et plus féroces qu'eux, sont prêts à les dévorer. Ces êtres n'ont qu'une seule « arme » : une intelligence naissante et les outils en pierre qu'ils commencent à façonner.

En plus de ces dangers nocturnes, il y a la peur. La peur que les serpents, les araignées venimeuses, les fauves et autres animaux imposants ne profitent de la nuit pour décimer cette petite colonie qui s'organise tant bien que mal pour survivre à l'obscurité. Bien sûr, les branches des arbres offrent un refuge contre certains animaux. Mais cela n'est pas suffisant. Il faudra attendre un bon million d'années avant que ces humanoïdes ne découvrent les vertus protectrices du feu. Durant toutes ces années, ce petit groupe paiera un lourd tribut pour sa survie.

Ce qui va leur permettre de survivre, c'est la peur de tous ces dangers ou plutôt les précautions qu'elle va les pousser à prendre de façon à préserver leur intégrité physique. S'ils avaient été insouciants et n'avaient pas connu la peur, il y a fort à parier qu'en très peu de temps ils auraient été éradiqués de la surface de la Terre et nous ne serions pas là pour disserter sur le sujet.

LA MORSURE

12 août 1990, une petite rue calme dans la banlieue parisienne. De chaque côté de la rue, des villas entourées de haies épaisses ou de hauts grillages. Marc, 8 ans, rentre chez lui en trottinette après être allé jouer chez son copain Antoine. En passant devant le 24 de la rue Jean-Jaurès, le petit garçon s'arrête pour saluer Nestor, le chien-loup de ses voisins. Ce chien, il le connaît bien, il le voit chaque jour en allant à l'école. Parfois même, il lui apporte un morceau de sucre, que le chien vient manger dans sa main. Ce jour-là, Nestor se précipite dans sa direction et reste derrière le grillage qui enclôt le jardin des voisins. Marc passe la main à travers le treillis du grillage pour aller gratter la tête de son « ami ». Pour une raison inconnue, après s'être laissé faire, le chien redresse la tête

et mord violemment la main de l'enfant. Marc se met à hurler de douleur. Cet épisode particulièrement dramatique lui vaudra plusieurs heures au service des urgences de l'hôpital, trois points de suture et une piqûre antirabique.

LE PREMIER TRAJET

15 septembre 2015, quelque part en France. Une mère, Anaïs, 35 ans, donne ses dernières recommandations à sa fille Chloé, 6 ans, qui se rend pour la première fois à l'école toute seule. La distance n'est pas bien longue, mais les dangers potentiels sont multiples.

« Surtout, avant de traverser la rue, attends patiemment que le feu passe au rouge. Sinon, tu risques de te faire renverser par une voiture. Ces voitures sont horriblement dangereuses, surtout pour les enfants. Comme tu es petite, le chauffeur risque de ne pas te voir. En plus, comme je te l'ai dit mille fois, n'adresse pas la parole à des gens que tu ne connais pas. Il peut s'agir de méchantes personnes qui pourraient te faire du mal. Et puis quand tu longeras la rivière, surtout ne t'approche pas trop près du bord, tu risquerais de tomber dans l'eau et tu pourrais te noyer. »

Pourquoi ces trois petites histoires anodines ? Tout simplement pour illustrer les trois grandes origines de nos peurs. La première de ces origines est ce que l'on pourrait nommer la peur génétiquement transmise. Sans verser dans un débat philosophique qui remonte à la plus haute antiquité, on peut affirmer que chez la plupart des êtres vivants la peur prend sa source dans la crainte de mourir. Et cette crainte de mourir existe depuis toujours.

C'est ainsi qu'un grand nombre de nos peurs nous viennent de nos lointains ancêtres, plus tout à fait animaux mais pas encore humains, qui avaient tout à craindre d'un environnement hostile où ils devaient survivre avec pour toute arme leur intelligence qui peu à peu se développait dans les lobes préfrontaux de leur cerveau. La peur de l'obscurité, par exemple, que l'on retrouve chez la plupart des êtres humains, à un degré plus ou moins développé, est à n'en pas douter un vieux reste de ce qu'ont pu ressentir ces humanoïdes qui voyaient chaque soir arriver l'obscurité et ses dangers, sans être certains que

quelques heures plus tard, le soleil réapparaîtrait pour illuminer la Terre. La plupart des frayeurs liées aux animaux, tels que la peur des serpents, des araignées, des loups, trouvent probablement leur origine dans les premiers temps de l'humanité. Elles nous ont été transmises avec l'ensemble des gènes que nous avons hérité de nos ancêtres.

La seconde source de nos peurs vient de l'éducation. Les recommandations qu'Anaïs fait à sa fille Chloé, « mille fois » répétées, vont générer chez l'enfant – et par la suite chez l'adulte – des peurs apprises. « Les voitures sont dangereuses », « les personnes que l'on ne connaît pas sont dangereuses »... Ainsi, jour après jour, Chloé va emmagasiner un certain nombre de « leçons », toutes destinées à assurer sa survie, mais qui vont générer des réflexes de peur.

Troisième source de nos peurs : l'expérience. Marc se fait mordre par un chien. Mis à part la douleur qu'il a pu ressentir sur le moment, le souvenir de son séjour à l'hôpital et des points de suture va laisser des traces dans son inconscient. Ces traces vont peut-être faire qu'à chaque fois qu'il entendra un chien aboyer, il ressentira une certaine forme de peur.

Les expériences n'ont pas besoin d'être aussi violentes que dans le cas de Marc pour laisser des traces indélébiles dans notre inconscient. Il suffit qu'à un moment donné, nous soyons suffisamment « réceptifs », pour que même un incident mineur suscite à l'avenir des réactions de peur bien souvent disproportionnées, inexplicables et incontrôlables.

Le point commun entre ces trois sources est que, dans chacun des cas, le réflexe de la peur est destiné avant tout à nous protéger. Reprenons un à un les trois exemples ci-dessus. Si les premiers humains n'avaient pas ressenti une forme de peur qui les avait poussés tout d'abord à se regrouper, puis peut-être à se cacher dans les arbres pour la nuit ou dans des cavernes, il y a de fortes chances pour que cette humanité naissante ait rapidement disparu. De nombreux animaux en auraient fait leur repas. On peut tout à fait imaginer que c'est cette peur et cette volonté de survie qui ont attisé l'inventivité de ces premiers hommes. Inventivité qui leur a permis de survivre dans un environnement difficile. Dans le cas de Chloé, la peur que lui inculque sa maman va lui permettre d'éviter de se placer dans des situations qui pourraient être dangereuses et mettre sa vie en péril. Enfin, la peur que Marc ressent vis-à-vis des chiens va lui éviter que la mésaventure qu'il a vécue dans son enfance ne se reproduise.

Cette peur est donc avant tout une amie qui nous veut du bien. Le problème, c'est que cette amitié n'est pas des plus agréables. Elle génère dans notre corps des sensations qui sont loin d'être plaisantes : des palpitations, du stress, de la transpiration, des tremblements, des formes de paralysie... Mais même si ces sensations peuvent être particulièrement désagréables, elles sont là, avant tout, pour nous aider et nous préserver dans un environnement qui n'est pas toujours bienveillant.

LA COUSINE GERMAINE

La peur a une cousine germaine que vous connaissez bien et qui est tout aussi désagréable, mais tout aussi utile : je veux parler de la douleur. La douleur, tout comme la peur, est une sensation particulièrement pénible, voire insupportable et pourtant... Elle agit comme indicateur pour nous signaler un dysfonctionnement physique ou physiologique qui risque de mettre en péril l'intégrité de notre corps.

Prenons un cas extrême, une des plaques de votre cuisinière électrique est restée allumée. Elle est brûlante. Par mégarde, vous posez la main dessus. Avec un peu de chance, l'intensité de la douleur que vous ressentez vous fait très rapidement retirer votre main. Vous allez ressentir une douleur là où la peau a été endommagée par la chaleur. Dans la plupart des cas, il vous suffira de passer votre main sous l'eau froide pour que cette sensation de douleur disparaisse rapidement et que, quelques heures plus tard, au pire quelques jours plus tard, votre peau se régénère et que plus aucune trace ne subsiste de votre maladresse.

Imaginez un instant que vous n'ayez pas ressenti cette douleur initiale lorsque vous avez posé votre main sur la plaque brûlante. Vous n'avez pas retiré votre main car vous n'avez rien senti, il y a de fortes chances pour que la plaque endommage non seulement votre épiderme, mais aussi tout le système neurologique et vasculaire de votre main, les détériorant au point de la rendre inutilisable, voire de la détruire complètement. La douleur est là aussi pour vous protéger.

À quoi servent les maux de tête, les douleurs musculaires ou le mal de dos, me demanderez-vous ? Ils « servent » à vous prévenir d'un danger. Dans le cas des maux de tête, la douleur peut signaler un excès de stress ou de fatigue. Dans le cas des muscles, elle peut mettre en évidence une fatigue excessive qui risque d'endommager les fibres musculaires. Dans le cas des douleurs dorsales, elles peuvent être là pour vous signaler, par exemple, l'extrême usure de disques vertébraux qui, si elle se poursuit, risque de provoquer une paralysie.

Dans tous les cas, la douleur agit comme un indicateur de danger qui nous oblige à prendre des mesures destinées à nous préserver.

Chapitre 2

Les bibliothèques de la peur

LES VACHES ET LE PÉTARD

Au cours d'un séjour à la campagne, alors que je n'avais qu'une douzaine d'années, un incident, somme toute banal, m'a beaucoup marqué. Dans une prairie où broutait un troupeau de vaches, tout était calme. Le silence n'était troublé que par le son des cloches accrochées à leur cou. À un moment, je vis arriver un groupe de jeunes qui, visiblement, préparaient un mauvais coup.

En effet, quelques instants plus tard, l'un d'eux lança un pétard au milieu des bovidés. La déflagration provoqua une débandade impressionnante du troupeau. Les vaches, affolées, partirent en courant dans tous les sens. Contents de leur forfait, les jeunes s'éloignèrent en riant. Ce qui, à l'époque, me parut étrange c'est que quelques minutes à peine après cette déflagration, les vaches revenaient brouter au même endroit. Elles semblaient avoir oublié leur peur et ne se souciaient pas d'une possible répétition de ce qui les avait fait fuir quelques instants auparavant.

Si l'on imagine, dans la même situation, des êtres humains ayant subi le même traumatisme que ces vaches, il y a fort à parier qu'ils ne reviendraient pas sur-le-champ à l'endroit précis de la déflagration ou, tout du moins, il faudrait attendre un certain temps avant que leur peur ne s'efface.

Pourquoi la vache et l'homme ne réagissent-ils pas de la même façon face à la peur ? Dans l'un des cas, la vache ne va garder le souvenir de cette peur que quelques instants. À moins que l'événement ne se répète très fréquemment, l'animal ne va pas « l'enregistrer ». L'homme, quant à lui, va enregistrer la déflagration et ce qui l'entoure dans son inconscient et pendant un moment au moins, il fera le lien entre tous ces éléments. Si la peur a été suffisamment intense, il va éviter le lieu ou les auteurs de cette mauvaise blague.

Que se passe-t-il pour l'homme au moment de la déflagration ?

Vous vous promenez tranquillement dans un champ. Comme de bien entendu, vous utilisez vos cinq sens pour percevoir ce qui vous entoure (voir encadré ci-dessous). Tout à coup, un bruit énorme parvient à vos oreilles. Ce son est immédiatement transmis à un centre nerveux d'alerte particulièrement efficace que l'on nomme l'amygdale*. Cette transmission se fait en quelques dixièmes de seconde. Immédiatement, l'amygdale, au moyen d'une première « bibliothèque » dans laquelle sont enregistrés succinctement des dangers potentiels, identifie le son et l'associe, dans ce cas particulier, à un danger. À cet instant précis, il n'y a aucune analyse de ce qui se passe, sinon l'association entre le bruit, la notion d'explosion et

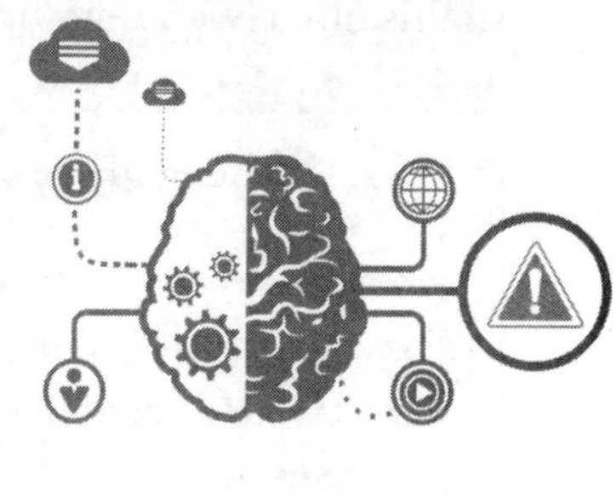

* C'est un noyau en forme d'amande situé dans le lobe temporal qui fonctionne comme un système d'alerte, en particulier en cas de peur ou d'anxiété.

le danger qu'une telle explosion représente pour vous. L'amygdale va immédiatement prendre les mesures nécessaires à votre protection. Dans ce cas précis, elle va préparer votre corps à la fuite en accélérant votre rythme cardiaque de façon à ce que votre cœur fournisse un maximum de sang à vos muscles pour faciliter votre fuite. Elle va provoquer un accroissement de la transpiration, de façon à refroidir votre corps dont la température va augmenter à cause de l'effort que vous allez devoir fournir pour fuir. L'amygdale va aussi augmenter le niveau de stress dans votre corps de façon à ce que vous soyez au maximum de vos possibilités physiques... Tout ceci se fait, je le répète, en quelques dixièmes de seconde, sans que vous n'en ayez vraiment conscience, sinon par le fait que vous sentez votre cœur qui bat plus rapidement et peut-être vos mains qui deviennent moites.

NOS CINQ SENS ET PLUS...

Nous percevons le monde extérieur à travers nos cinq sens et peut-être plus... En effet, toutes les informations sur le monde extérieur sont communiquées à notre cerveau à partir de l'ouïe, de l'odorat, du toucher, de la vue et du goût. Ces informations sont transmises à différentes parties du cerveau suivant leur nature. Ces différentes parties du cerveau vont réagir dans le but unique de nous protéger.

Lorsqu'il s'agit de la peur, il semblerait que, à la perception que nous avons du monde à travers nos cinq sens, s'ajoutent d'autres moyens de percevoir les dangers difficilement définissables. C'est le cas, par exemple, lorsque nous avons le « pressentiment » que quelque chose de désagréable risque de se produire. Il s'agit peut-être de projections, de ressentis liés à ce que nous voyons ou à ce que nous entendons. Mais ces sentiments sont suffisamment diffus pour nous laisser perplexes, inquiets, et générer des réactions de peur.

Inversement, lorsque nous sommes soumis à une peur, nous pouvons émettre des signaux inconscients qui peuvent être perçus par les autres. Mon père, qui avait une peur irraisonnée des douaniers, se faisait arrêter et fouiller à chaque frontière qu'il passait. Peut-être était-ce son comportement, ses mouvements corporels, ou d'autres attitudes, mais le résultat était toujours le même, il se faisait systématiquement arrêter alors qu'il n'avait jamais rien à se reprocher.

Dans un second temps, l'information originale, c'est-à-dire le bruit de l'explosion, est transmise à une seconde bibliothèque plus complète que la première renfermée dans l'amygdale, dans laquelle se trouve une liste beaucoup plus longue des dangers possibles. Dans cette seconde bibliothèque, une analyse plus détaillée de la situation va être faite sur la base, non seulement de l'information première qui a été transmise à l'amygdale, mais aussi d'informations secondaires qui sont transmises par d'autres sens comme la vue, l'odorat, le toucher ou le goût. Cette seconde bibliothèque se trouve dans les lobes préfrontaux où sont stockées une myriade d'informations liées à tous les dangers potentiels.

Si cette seconde analyse montre qu'il ne s'agit que d'une mauvaise blague faite par des adolescents à l'aide d'un pétard, une information est diffusée à l'ensemble du corps qui va permettre de désamorcer la crise : le stress va diminuer, le cœur va ralentir, la transpiration va se tarir... En revanche, si la notion de danger persiste après cette seconde analyse, les actions nécessaires à la préservation de l'individu vont être mises en œuvre. Dans ce cas-là, trois possibilités : la fuite, la lutte ou la paralysie. Ce qui, en anglais, se résume par les trois lettres F, F, F (*Flight, Fight and Freeze*). Alors que les deux premières réactions (fuite et lutte) sont relativement évidentes, la troisième, c'est-à-dire la paralysie, l'est beaucoup moins. Cette « paralysie » peut être assimilée à « faire le mort » que l'on rencontre couramment chez certains animaux qui, lorsqu'ils se trouvent aux prises avec un prédateur, font semblant d'être morts dans l'espoir de se faire « oublier ».

Chapitre 3

Quand la peur devient une « amie » envahissante

Si nous passons maintenant à l'aspect psychologique de la peur, elle fait grandement partie de notre inconscient. Pour mémoire, on distingue par commodité deux parties à notre cerveau. La première, le conscient, nous permet de prendre des décisions logiques en tenant compte d'un certain nombre de paramètres et en vue d'obtenir un

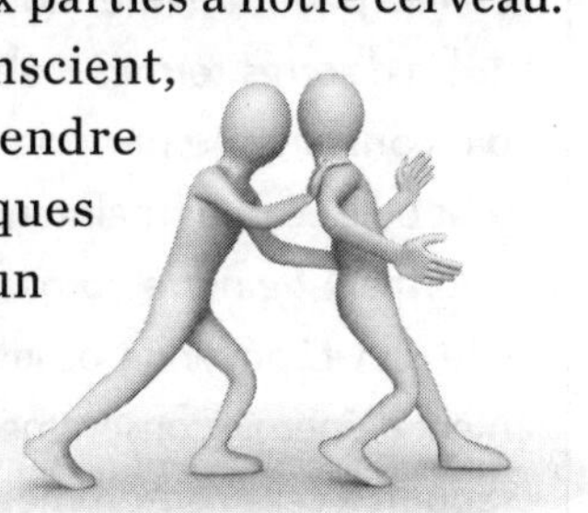

certain résultat. Ainsi c'est votre conscient qui va vous pousser à prendre un parapluie si le ciel est couvert et qu'il risque de pleuvoir. L'autre partie de notre cerveau, et de loin la plus importante, est notre inconscient. Comme le disait, sous forme de boutade, Milton Erickson, le père de l'hypnose moderne : « L'inconscient est tout ce qui n'est pas conscient. »

INCONSCIENT *VS* CONSCIENT

Il est difficile de « localiser » dans notre cerveau l'inconscient et le conscient. Ce que nous savons, c'est que le cerveau représente à peine 2 % de notre masse corporelle mais qu'il consomme 20 % de notre énergie. Ce que nous savons aussi, c'est que cette consommation d'énergie est quasi permanente et sensiblement la même, quelle que soit notre activité, sauf peut-être lorsque nous sommes dans un sommeil profond où elle peut diminuer notablement.

En d'autres termes, cela signifie que l'énergie consommée par notre cerveau est avant tout utilisée pour maintenir le fonctionnement « normal » de notre corps. Lorsque nous avons une activité physique, ou intellectuelle, le supplément d'énergie consommée est négligeable par rapport à celle consommée en mode « normal ».

Une autre façon de présenter les choses est de dire que la majeure partie de l'énergie consommée par notre cerveau l'est pour des tâches inconscientes telles que la respiration, le battement de notre cœur, nous maintenir debout en équilibre… Alors que nos activités conscientes, telles que la course à pied ou les mots croisés, ne vont consommer qu'une infime partie de cette énergie.

Si le conscient fonctionne d'une façon relativement logique, que nous pouvons « comprendre », l'inconscient demeure un grand mystère. Ce qui semble évident, c'est que l'inconscient est là avant tout pour assurer notre survie au quotidien. Ceci même si sa façon de faire n'est pas toujours évidente et peut paraître, parfois, contre-productive. Pour nous protéger, notre inconscient va mettre en place des systèmes parfois très sophistiqués. Il arrive fréquemment que ces systèmes qui, à un certain moment ont leur raison d'être ou font appel à une certaine logique, se trouvent très rapidement obsolètes à d'autres moments. Le problème naîtra lorsque ces systèmes vont devenir non seulement obsolètes, mais aussi contre-productifs, et nuire à la vie de tous les jours.

DES AMOURS HEUREUSES

Ana, 32 ans, se plaint de ne jamais pouvoir établir une relation durable avec un homme. Dès qu'elle se sent émotionnellement impliquée avec un partenaire, invariablement elle s'enfuit. C'est plus fort qu'elle. Elle explique cette réaction en disant qu'elle ne veut pas souffrir car, quoi qu'il arrive, son compagnon finira un jour par la quitter et qu'alors ce sera « terrible ».

Lorsque je lui demande si elle a déjà vécu une telle rupture, elle répond que, étant enfant, elle avait une très bonne amie. Elles étaient « comme les doigts de la main », totalement inséparables. Elles s'étaient juré de ne jamais se quitter et de rester ensemble toute leur vie. Un jour, elle a vu son amie avec une autre fillette. Elles riaient ensemble. Ana s'est sentie complètement trahie et d'ailleurs, quelque temps plus tard, son amie s'est peu à peu détachée d'elle jusqu'à ne plus la voir.

À l'époque, Ana avait ressenti une colère telle qu'elle se souvient encore avoir eu envie de tuer sa copine. Elle a pleuré pendant plusieurs jours, allant même jusqu'à arrêter de manger. Ses parents ont bien essayé de savoir ce qui se passait, mais elle est restée seule avec sa tristesse et sa colère. Elle s'est sentie complètement trahie et abandonnée. Depuis ce jour, d'après elle, elle n'a plus jamais fait confiance à qui que ce soit et évité de s'impliquer dans une relation durable de façon à ne pas ressentir à nouveau la douleur qu'elle a pu vivre étant enfant.

Son inconscient a ainsi mis au point un système de défense à toute épreuve pour empêcher le renouvellement d'une douleur aussi insoutenable. C'est, d'après elle, cette peur d'être quittée comme elle l'a été enfant qui lui a ôté toute envie d'avoir une relation affective durable.

Le traitement que nous avons mis en place a eu pour but de « convaincre » son inconscient que « cette trahison » n'était pas inéluctable. Qu'il peut exister « des amours heureuses ». Les résultats se sont fait attendre pendant près d'une année. Aux dernières nouvelles, Ana est mariée et a deux enfants.

Convaincre l'inconscient de changer de modèle de fonctionnement n'est pas quelque chose de simple dont la logique puisse triompher. Les mécanismes de « survie » affective ou physique sont tellement importants que de tels changements nécessitent souvent une intervention extérieure ou un travail sur soi-même plus ou moins long. Dans bien des cas, la volonté à elle seule ne suffit pas. C'est pourquoi les méthodes proposées pour vaincre les peurs qui préconisent « qu'il n'y a qu'à » me font en général bondir. Changer les systèmes de défense élaborés méticuleusement par l'inconscient est extrêmement difficile et n'est pas sans comporter quelques risques. Car, en cas de changements, comme lorsque l'on joue au mikado, si l'on bouge une pièce, c'est tout l'édifice qui risque de se mettre en mouvement. La peur n'est pas une émotion inutile qu'il faut systématiquement chercher à effacer. Dans un premier temps, il s'agit beaucoup plus de l'amadouer, d'apprendre à vivre avec elle, puis peu à peu, de la laisser partir quand elle n'est pas indispensable ou quand elle est trop présente. Dans bien des cas, c'est la politique des petits pas, c'est-à-dire celle qui consiste à progresser très lentement, qui sera le plus efficace dans le long terme.

À PARTIR DE QUEL MOMENT CETTE « AMIE ENVAHISSANTE » DEVIENT-ELLE UNE PATHOLOGIE ?

La peur est, pour beaucoup, considérée comme une émotion fondamentale, peut-être parce que l'une des craintes premières de l'être humain est liée à la peur... de mourir. Cette émotion fondamentale, qui existe chez tout être humain, peut, bien souvent pour des raisons inconnues, donner naissance à des formes extrêmes particulièrement invalidantes. C'est le cas en particulier de l'anxiété, de l'angoisse, des paniques et des phobies. Quelle est la différence entre ces pathologies ?

En bref, **l'anxiété** est une peur anticipée. Elle apparaît alors que le danger potentiel n'est pas encore là. L'anxieux est dans l'anticipation permanente, la pensée que tout va mal tourner et la prise de précautions excessive qui peut finir par rendre la vie infernale, non seulement à la personne anxieuse elle-même, mais aussi à son entourage.

L'angoisse est plus brutale et s'accompagne de signes physiques plus marqués. Au niveau du corps, il peut s'agir d'une sensation de resserrement ou d'étouffement. Psychologiquement, il s'agit en général de la crainte d'un malheur qui risquerait d'arriver dans un avenir plus ou moins proche, ou la peur de tomber malade ou de mourir.

Les crises de panique sont des peurs très violentes qui peuvent apparaître dans des circonstances que la personne qui en est atteinte considère comme dangereuses, ou même parfois à la simple évocation de telles circonstances.

Les phobies, quant à elles, sont des peurs virulentes qui apparaissent en présence d'un objet, d'un animal, d'une situation que le phobique craint particulièrement et cherche à éviter à tout prix.

Les phobies sont souvent classées en trois groupes : les phobies spécifiques, les phobies sociales et les troubles paniques liés à l'agoraphobie. Les phobies spécifiques, qui varient en intensité, peuvent être liées à une multitude de choses ou de situations. Ainsi, elles peuvent avoir pour objet aussi bien des animaux que les transports ou le sang et les piqûres… Ces phobies, qui sont liées à des conditions très particulières, sont relativement peu invalidantes car, pour certaines d'entre elles, il sera toujours possible d'une façon ou d'une autre de les éviter. Les phobies sociales sont, en revanche, beaucoup plus perturbantes au quotidien puisqu'elles sont liées à une peur extrême du regard et du jugement d'autrui. Elles peuvent revêtir différentes formes qui vont de la simple timidité à des difficultés à parler en public, voire l'incapacité de se laisser toucher ou même d'entrer en relation avec d'autres personnes. Les accès de panique peuvent revêtir des aspects dramatiques car il arrive que certaines personnes atteintes de ces troubles ne puissent plus sortir de chez elles et demeurent recluses. Dans bien des cas il s'agit de la peur… d'avoir peur, ou la peur de faire un malaise dans un lieu public.

2

APPRIVOISER SES PEURS

Chapitre 4

Comment procéder pour apprivoiser ces phobies et autres peurs encombrantes ?

Si, comme nous l'avons vu dans la première partie, la peur est une émotion que connaissent de nombreux êtres vivants et plus particulièrement les humains, les motifs qui la déclenchent et son intensité varient grandement d'une personne à une autre. Certains vont pouvoir marcher sur un fil à plusieurs mètres du sol sans rien ressentir, alors que d'autres seront pris de vertige en montant simplement sur un tabouret. Certains vont faire des insomnies en craignant qu'une araignée ne fasse son apparition dans leur chambre, alors que d'autres vont passionnément collectionner les arachnides.

La liste des phobies, avec ses noms improbables pour la plupart d'origine grecque, ressemble à *L'inventaire*, ce magnifique poème de Jacques Prévert qui met à la suite des mots sans lien logique. Tout y passe, depuis la peur de l'eau (aquaphobie) jusqu'à la peur des papillons (lépidophobie), en passant par celle des éclairs (astrapéphobie), du mariage (gamétophobie), de l'avion (aviophobie), du vent (anémophobie), des serpents (erpétophobie)...

Pour des raisons évidentes, je ne vais pas traiter toutes ces peurs d'une façon exhaustive. Je me contenterai de vous parler des peurs les plus courantes et, dans certains cas, je vous donnerai des indications pour les « décliner » afin de les adapter à des phobies dont vous pourriez souffrir ou qui vous intéressent parce que vous connaissez quelqu'un qui en souffre. De même, mon propos n'est pas d'éradiquer toutes les peurs, c'est tout simplement impossible et sûrement pas vraiment souhaitable. Car, comme nous l'avons vu plus haut, la peur est importante pour notre survie. Le but sera donc, dans cette partie, d'apprendre à vivre avec ses peurs sans pour autant se laisser dominer par elles.

Pour venir à bout d'une phobie, la méthode n'est pas unique. On ne procède pas de la même façon avec une phobie de l'eau qu'avec celle des araignées, celle du sang ou des piqûres, ou une timidité excessive... En revanche, il y a tout un travail préparatoire à faire avant d'affronter ces dangers, réels ou imaginaires. La première partie est ce que l'on pourrait nommer un tronc commun, une méthode commune, à utiliser avant de se lancer dans la seconde partie qui traitera des phobies spécifiques, de l'angoisse et de l'anxiété.

L'approche commune va consister à faire une série de « transes » ou « rêves éveillés » qui, comme vous pourrez le constater, n'ont que peu ou pas de rapport avec la phobie elle-même. Leur utilité est essentiellement de vous détendre d'une part, mais aussi de préparer

votre inconscient à aborder des sujets plus délicats. En fait, et rien qu'entre nous, cette entrée en matière est déjà une façon de saper les racines de ces peurs qui vous obsèdent sans véritablement le dire à votre inconscient.

Dans les chapitres qui vont suivre et qui se rapportent directement aux phobies, à l'angoisse et à l'anxiété, je commencerai par vous présenter un cas que j'ai pu rencontrer dans ma pratique. À partir de ce cas, je vous ferai découvrir les grandes lignes de la thérapie que j'ai utilisée avec mon patient, tout en les adaptant de façon à ce que vous puissiez l'utiliser pour votre propre usage. Pour vous faciliter la tâche, vous verrez que cette approche est relativement systématique. Elle comporte tout d'abord une série de questions que vous pourrez vous poser et qui sont destinées à mieux définir vos peurs.

Vient ensuite une méthode virtuelle en trois étapes pour vous « familiariser » avec vos « démons ». Cette approche virtuelle se fait en trois étapes. La première, « l'évocation », ne fait qu'effleurer le sujet de la phobie. Elle y fait allusion sans, bien souvent, la mentionner. La seconde, « la rencontre indirecte », va utiliser des images plus ou moins directement liées à la phobie. La troisième étape, « la rencontre imaginaire », va effectivement vous faire entrer en contact avec l'objet de votre phobie.

Enfin, la partie dite de « désensibilisation » va vous fournir des méthodes pour affronter vos peurs dans la réalité.

Attention, ne vous précipitez pas, le principe de cette méthode est de prendre son temps et de prendre soin de vous. Car tout manque de douceur risque d'avoir un effet contraire et vous bloquer encore un peu plus dans votre phobie. Donc, prenez votre temps, « hâtez-vous lentement » comme on dit en Suisse, soyez détendu et aussi serein que possible.

Chapitre 5

Un petit travail préparatoire

Le problème que l'on rencontre fréquemment, lorsque l'on essaye de traiter les phobies, c'est que la simple évocation de l'objet de sa phobie suffit à mettre le patient dans un état tellement désagréable qu'il va se fermer à toute tentative de communication. De même lorsque vous êtes seul et que vous commencez à penser à votre phobie, très vite vous avez tendance à vouloir passer à autre chose. C'est une attitude tout à fait logique et justifiable, « à quoi bon remuer le couteau dans la plaie ».

De façon à aborder votre problème, sans vraiment l'aborder mais tout en l'abordant, vous allez procéder dans un premier temps à ce que l'on nomme, en hypnose, une « double dissociation ». L'expression peut sembler quelque peu barbare, mais en fait il s'agit de « vivre une confrontation avec votre phobie sans vraiment la vivre, tout en la vivant » et en étant le plus détendu possible. Je sais, mes paroles peuvent vous paraître très abstraites, c'est pourquoi j'aimerais vous proposer un « scénario » pour procéder à cette double dissociation. L'avantage de cette double dissociation est qu'elle va être la même pour tous les exemples car vous seul, en votre for intérieur, allez savoir de quoi il s'agit sans avoir besoin de le mentionner.

La double dissociation ou l'art d'y penser sans y penser !

Installez-vous confortablement dans un fauteuil, sur un canapé ou dans votre lit, peu importe, l'essentiel est que vous soyez bien. De même, la position de votre corps est celle que vous aimez le plus : cela peut être, par exemple, avec les deux pieds sur le sol ou autrement si cette position ne vous convient pas… cela n'a aucune importance. Si vous êtes d'accord, vous pouvez fermer les yeux, mais ce n'est pas indispensable non plus. Vous allez ensuite écouter les bruits qui vous entourent. Vous entendez peut-être les bruits de la rue, le chant des oiseaux, des personnes qui parlent dans une autre pièce, de la musique Et alors que vous êtes là, confortablement installé, vous sentez que peu à peu vos paupières deviennent un peu plus lourdes, que peut-être les muscles de vos épaules se détendent, de même que les muscles de votre dos et de vos jambes. Tout votre corps devient comme plus lourd ou plus léger. Alors que vous êtes parfaitement détendu, vous allez compter lentement, à haute voix ou dans votre tête, de 43 à 31 : 43, 42, 41, 40, 39, 38, 37, 36, 35, 34, 33, 32, 31. Vous sentez peut-être maintenant comme une douce langueur envahir votre corps. Vous vous sentez peut-être détendu. Si ce n'est pas le cas, cela n'a pas d'importance.

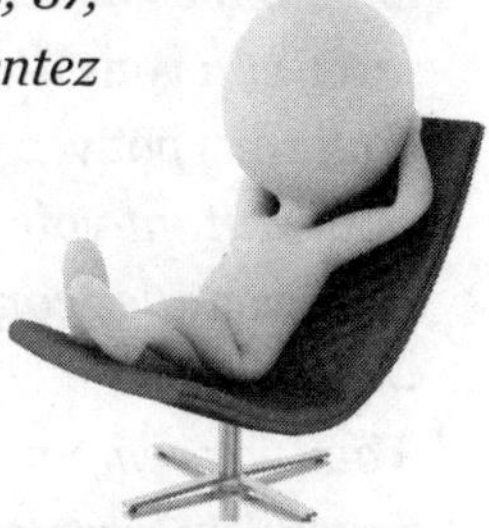

Vous allez imaginer un grand salon agréable. Je ne sais pas ce qu'est pour vous « un grand salon agréable », mais imaginons qu'il s'agisse d'une grande pièce avec une cheminée. Peut-être y a-t-il aux murs une bibliothèque, des tableaux... Dans ce grand salon, il y a un fauteuil très confortable qui fait face à un écran de cinéma suffisamment large pour remplir une grande partie de l'espace. Vous allez vous installer

dans ce fauteuil devant cet écran, assez loin de façon à en avoir une vue panoramique. Sur une petite table, à côté de votre fauteuil, se trouve votre boisson favorite qu'à tout moment vous pourrez déguster. Vous êtes bien confortablement installé dans ce fauteuil douillet et je vous propose de laisser votre corps à cet endroit et de vous dédoubler. Je sais, ce n'est pas chose facile à imaginer, mais essayez malgré tout. Vous « dédoubler » va consister à laisser votre enveloppe corporelle dans ce fauteuil, à vous lever et à vous diriger vers un point de la pièce d'où vous pouvez voir votre double de dos, sans pour autant voir l'écran. Là, à nouveau, vous vous installez confortablement.

Vous vous emparez de la télécommande et vous faites démarrer le film. De l'endroit où vous êtes, vous ne voyez aucune image et vous n'entendez pas la bande-son. Vous ne pouvez que regarder le dos de votre double, assis dans son fauteuil. Vous ne savez pas de quoi parle le film, mais vous devinez qu'il s'agit d'un sujet qui a trait à votre phobie ou à vos angoisses. Inutile de mentionner ce sujet. Contentez-vous de regarder votre double qui semble décontracté alors qu'il regarde le film. Vous le voyez de temps à autre porter à ses lèvres sa boisson favorite. Il a l'air de se sentir parfaitement bien, de même que vous vous sentez parfaitement bien. Vous êtes détendu, comme lui l'est.

Alors que le film – que vous ne voyez pas – se déroule sur l'écran, vous sentez votre corps s'assoupir et une impression très agréable vous envelopper. Vous vous sentez en parfaite sécurité et votre double, lui aussi, se sent en parfaite sécurité. Le film dure autant de temps que vous le désirez, sa durée n'a aucune importance. Lorsque le film se termine, vous allez vous lever, regagner votre corps et sentir comme il est douillettement enfoncé dans ce fauteuil, comme il se sent paisible, en toute sécurité face à cet écran qui est à nouveau blanc et vide. Vous-même, vous vous sentez bien et détendu. Quand vous en aurez envie, vous allez vous lever et peut-être aller vous coucher, à moins bien sûr que vous ne préfériez aller faire une petite promenade pour prolonger ce moment de détente.

Vous allez répéter à plusieurs reprises, plusieurs jours de suite, ce voyage imaginaire. Il vous permettra à la fois de goûter à une détente des plus agréables et de vous familiariser, sans vraiment l'aborder, avec le sujet de votre phobie. Lorsque vous vous sentirez prêt à commencer à vous confronter à ce fameux « sujet », vous pourrez passer à l'étape suivante.

Attention, ne pas confondre cette méthode où votre phobie n'est pas nommée avec celle que vous employez d'ordinaire et qui consiste à éviter, d'une façon ou d'une autre, l'objet de votre phobie.

ÉVITEZ D'ÉVITER

La technique de l'évitement est sûrement l'une des plus faciles à mettre en place, même si parfois elle demande une très grande imagination. Ainsi, il est toujours possible d'affirmer qu'on ne supporte pas le soleil pour éviter une après-midi au bord de la piscine lorsque l'on est aquaphobe, ou affirmer que l'on préfère les vacances à la campagne pour éviter de prendre l'avion. Le problème de cette technique est qu'elle finit par être épuisante à la longue, et ne plus convaincre personne sauf… votre cerveau. En effet, plus vous allez éviter « un danger », et plus votre cerveau va enregistrer que ce « danger » est effectivement… dangereux. Je m'explique : vous avez peur des chiens parce que, d'après vous, ce sont des animaux dangereux qui risquent de vous mordre et même peut-être de vous transmettre la rage. Vous les évitez donc autant que possible et le message que vous transmettez à votre cerveau est : « Éviter les chiens car ils sont dangereux. » Message reçu 5 sur 5 par votre cerveau qui classe les chiens dans la bibliothèque des dangers potentiels ! Ainsi s'amorce une spirale qui ne fait qu'accroître votre phobie pour les chiens. De ce point de vue, il vaut mieux affronter sa peur pour en démystifier les dangers.

Une dernière étape avant de passer aux phobies à proprement parler, vous allez penser à un endroit où vous vous sentez en parfaite sécurité et où vous êtes certain qu'il n'y a absolument aucune chance pour que vous rencontriez l'objet de votre phobie. Ce peut-être votre chambre à coucher, une bulle d'air transparente où vous êtes le seul à pouvoir pénétrer mais dont vous pouvez aisément sortir, une planète où cet objet n'existe pas. Peu importe le lieu du moment que vous vous y sentiez en sécurité. À tout moment, durant les

exercices qui vont suivre, vous allez pouvoir « venir faire un tour » mental dans ce lieu, pour vous y ressourcer et vous y délasser.

Chapitre 6

La phobie des araignées

LA MAISON DES ARAIGNÉES

Marion, 34 ans, est venue consulter parce qu'elle avait peur des araignées. En soi, cela n'était pas un problème puisqu'elle habite en ville où les araignées sont rares. Les difficultés sont apparues lorsque, à la suite du décès de sa grand-mère, elle a hérité d'une maison à la campagne où, durant son enfance, elle avait coutume de passer ses vacances. Le problème est que cette maison était « infestée » d'araignées. Certes, il ne s'agissait pas de monstres velus et menaçants, mais plutôt de petites araignées inoffensives. Mais sa phobie était telle que rien qu'à la pensée de se trouver « nez à nez » avec de tels animaux, elle ne pouvait envisager de se rendre dans cette maison.

Marion en était venue au point de se dire qu'elle allait vendre ce lieu plein de souvenirs pour ne pas être confrontée à ces araignées. Avant d'entreprendre des démarches dans ce sens, elle est venue me consulter. Cette phobie n'était pas nouvelle, elle se souvenait que durant son enfance, elle avait déjà une peur bleue des araignées. Mais à l'époque, sa grand-mère, très à cheval sur la propreté et qui « passait sa journée à faire le ménage », avait toujours réussi à tenir les araignées éloignées de la maison.

Depuis le décès de sa grand-mère, la situation s'était détériorée, car les araignées commençaient non seulement à envahir la maison, mais aussi à envahir ses rêves. Marion associait de plus en plus la vente de la maison avec des cauchemars durant lesquels elle était poursuivie par des araignées de toutes tailles. D'après elle, il était évident que ces rêves étaient liés à un fort sentiment de culpabilité de vendre un bien qui était dans la famille depuis de nombreuses générations et que les araignées apparaissaient dans ses rêves pour lui faire « payer cette trahison ». Elle avait l'impression que si elle parvenait à se débarrasser de son arachnophobie, elle parviendrait à s'occuper « normalement » de cette maison familiale et ne serait pas obligée de la vendre. Son sentiment de culpabilité disparaîtrait ainsi de lui-même.

Le travail que nous avons effectué ensemble s'est fait en deux temps : le premier a consisté à gérer sa phobie des araignées et le second à la déculpabiliser vis-à-vis de cet héritage peut-être trop lourd pour elle. Il a permis à Marion, non pas de devenir une fan des araignées ni d'aller jusqu'à les collectionner, mais plus simplement d'accepter leur existence.

L'arachnophobie, ou phobie des araignées, est une phobie des plus répandues puisqu'elle touche, à des degrés divers, entre 25 et 30 % de la population. Pour Marion, elle posait de nombreux problèmes, alors que dans beaucoup de cas ses conséquences sont mineures. La thérapie que je vous propose de suivre, qui est basée sur celle que j'ai utilisée avec Marion, comporte tout d'abord un questionnement sur la nature exacte des peurs. Ce questionnement va permettre de se focaliser

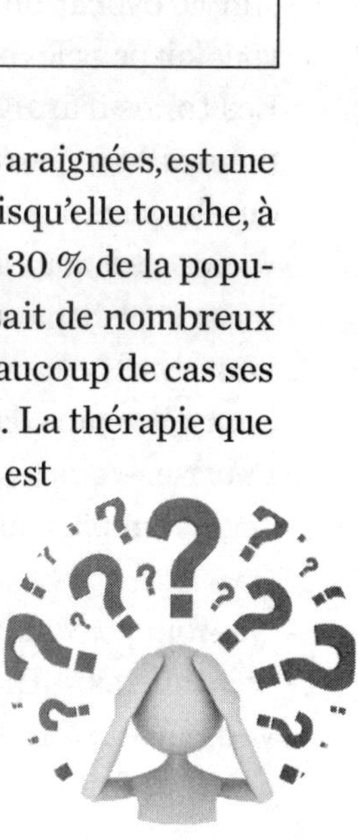

sur certains aspects de cette peur et non sur une impression générale qui vous laisse avec un mal-être généralisé.

MIEUX DÉFINIR VOS PEURS

Ce n'est pas une étape facile car il s'agit d'aller « fouiller » dans des coins et recoins de votre esprit à la recherche d'éléments désagréables et, pour ce faire, de surmonter les peurs liées à la simple évocation des araignées. Qu'est-ce qui vous fait peur, les petites araignées ou les grosses ? Les toiles d'araignées ou les araignées elles-mêmes ? La peur qu'elles ne vous mangent ou qu'elles vous piquent ? Quels sont les dangers que vous associez aux araignées ? Le fait qu'elles apparaissent et disparaissent sans que l'on s'y attende vraiment ? Leurs longues pattes et/ou leurs corps ? Sont-elles plus dangereuses la nuit ou le jour ? Pourriez-vous les écraser ? Est-ce qu'elles vous dégoûtent plus qu'elles ne vous font peur ?

Une fois que vous aurez répondu à ces questions, et à d'autres qui pourraient vous venir à l'esprit, vous aurez sans doute une meilleure idée de ce qui vous fait peur chez ces animaux.

RENCONTRES VIRTUELLES AVEC VOS PEURS

Les rencontres virtuelles avec vos peurs sont destinées à vous faire à l'idée que vous pouvez côtoyer des araignées, au moins en pensée, sans pour autant vous sentir mal à l'aise. Dans le cadre de cette thérapie, ces rencontres se font en trois étapes progressives de façon à les rendre les plus douces possibles.

Attention ! Ces « rencontres virtuelles » doivent se faire par étapes. Au fur et à mesure que vous vous sentirez à l'aise avec une des étapes, vous pourrez passer à la suivante. Surtout, ne vous précipitez pas et répétez cet exercice aussi souvent que possible.

POUR VOUS AIDER

Un exemple (pour le vertige) d'une version audio de ces rencontres peut être téléchargée depuis Internet.

www.quotidienmalin.com/surmontez-vos-peurs

Et maintenant, en route pour l'imaginaire. Installez-vous confortablement sur un siège, sur le canapé de votre salon ou tout simplement dans votre lit. Fermez les yeux et laisser votre imagination vous emporter.

Une histoire dans un train

L'évocation

Vous allez imaginer que vous êtes confortablement installé dans un train. À l'extérieur, le paysage défile sans que rien de particulier ne vienne attirer votre regard. Une douce langueur vous envahit. Vous vous sentez bien. Alors que vous êtes dans cet état agréablement somnolent, vous entendez, deux sièges derrière vous, une maman qui lit à son enfant un livre pour tout-petits. La voix est douce et monocorde et l'enfant, visiblement très calme, écoute en posant de temps à autre une question. Vous n'entendez pas tout le texte que lit la maman, mais certains mots parviennent jusqu'à vous.

Alors que vous êtes toujours dans cet état agréable, quatre mots arrivent à vos oreilles « une jolie petite araignée », puis la voix se perd à nouveau dans le bruit régulier du train. « Pourquoi elle a les yeux bleus ? » demande une voix enfantine. « C'est parce que c'est une gentille araignée avec un grand sourire », répond la voix de la maman. Même si cette évocation vous fait légèrement frissonner et que vous avez envie de somnoler, écoutez la suite de l'histoire.

« Dis maman, pourquoi la gentille petite araignée aux yeux bleus elle conduit une voiture rose ? » La voix de l'enfant est tellement ingénue que vous ne pouvez vous empêcher de sourire. « Parce que c'est une histoire » lui répond la maman. De votre côté, vous pouvez imaginer cette drôle de... chose avec de grands yeux bleus et un corps à peine visible. Dans votre demi-sommeil, vous entendez le reste des aventures de cette petite araignée. Qui s'apparente beaucoup plus à un enfant qu'à un animal. Dans votre esprit, ces images se mélangent avec celle d'une mère lisant un livre à son enfant.

« Rejouez » dans votre imaginaire ce scénario à de nombreuses reprises, et lorsqu'il ne vous posera plus aucun problème, passez à l'étape suivante.

Une toile au plafond

La rencontre indirecte

Vous êtes confortablement installé dans un salon. Le fauteuil est moelleux et la compagnie agréable. Je vous laisse le choix des personnes avec qui vous êtes dans ce salon, à moins bien sûr que vous ne préfériez être seul. Peut-être regardez-vous, à la télévision, une émission qui vous intéresse particulièrement, ou peut-être êtes-vous en train de lire un livre passionnant ou bien encore êtes-vous simplement en train de somnoler en regardant les flammes danser dans la cheminée alors que vous tenez à la main un verre de votre boisson favorite. À un moment, alors qu'une douce torpeur vous gagne, vous levez les yeux au plafond et vous découvrez, dans l'angle droit de la pièce, une toile d'araignée. Bien sûr, à la distance où vous êtes, vous ne pouvez distinguer si elle est habitée ou pas.

À cet instant, mille pensées vous assaillent, certaines désagréables, d'autres un peu moins. Mais peut-être seriez-vous d'accord de concentrer ces pensées sur le fait qu'il faudrait demander à la femme de ménage, lors de son prochain passage, de nettoyer cet endroit à fond. Même si cette toile d'araignée attire fréquemment votre regard, vous poursuivez votre activité (ou inactivité) en continuant à vous laisser gagner par cette douce torpeur qui règne dans la pièce et ce sentiment de sécurité qui en émane. L'essentiel est que vous vous sentiez détendu, même si (je me répète !) votre regard est fréquemment attiré par cet endroit du plafond.

À nouveau, lorsque vous vous serez bien habitué à cette situation et que vous pourrez l'aborder d'une façon totalement détendue, passez à l'étape suivante.

Des vacances tranquilles

La rencontre imaginaire

Vous êtes en vacances, assis avec un(e) ami(e) à la terrasse d'un café sur une petite place de village. Vous vous sentez parfaitement détendu et grâce, peut-être, à la boisson que vous venez de boire ou plus simplement au fait que vous êtes en vacances, légèrement euphorique. Alors que vous parlez avec cette personne, en qui vous avez une totale confiance et avec laquelle vous vous sentez en parfaite sécurité, du coin de l'œil, vous remarquez sur un muret qui se trouve à quelques mètres à peine de votre table, une petite araignée qui prend le soleil. Malgré tous vos efforts, vous ne parvenez pas à détacher votre regard de cet animal parfaitement inoffensif. Heureusement, la conversation enjouée de votre compagnon de table vous distrait quelque peu de la scène qui se joue non loin de vous. Même si vous pouvez ressentir une très légère tension au niveau de votre corps, grâce à tout le travail que vous avez déjà accompli, vous vous sentez bien et détendu. Alors que vous êtes en pleine discussion et que votre regard se fixe sur votre interlocuteur, un oiseau se pose sur le muret. Lorsqu'à nouveau vous détournez la tête, l'araignée a disparu et l'oiseau s'est envolé.

Répétez ce scénario imaginaire aussi souvent que vous le pouvez et lorsque vous vous sentez en confiance, passez à l'étape suivante.

LES TRAVAUX PRATIQUES : LA DÉSENSIBILISATION EN ELLE-MÊME

Cette désensibilisation doit, tout comme les processus précédents, avoir lieu progressivement. Il s'agit, ni plus ni moins pour vous, de « rencontrer » dans la réalité l'objet de votre phobie.

Avec Marion, nous avons commencé par passer un certain temps à parler des araignées. J'ai eu soin d'utiliser au maximum tout le vocabulaire que je connaissais dans ce domaine. Certains mots étaient directement liés aux araignées, d'autres l'étaient moins. Vous pouvez très bien en faire autant avec un ami, une personne en qui vous avez confiance. Cette première étape consiste en fait à dédramatiser les mots.

Durant l'étape suivante, nous avons consulté des livres de photos sur les toiles d'araignées, puis sur les araignées elles-mêmes. Cela non plus ne devrait pas vous poser de problème. En revanche, regarder des vidéos sur Internet est plus problématique

car certaines de ces vidéos sur les animaux peuvent être difficiles à supporter. Le plus prudent serait soit de demander à une personne de confiance d'en choisir une pour vous, en lui donnant vos critères de choix, soit tout simplement de passer à la suite.

Le dernier exercice auquel nous nous sommes livrés a été d'entrer directement en contact avec l'araignée. Avec Marion, nous avons tout d'abord observé de loin une toile vide. Puis nous nous en sommes rapprochés. Nous avons fini par trouver une petite araignée qui a bien voulu se laisser observer. Là aussi la progression a été lente, mais efficace puisque maintenant Marion est relativement indifférente aux araignées.

Ce chemin, vous pouvez aisément le parcourir tout seul, mais je vous recommande tout de même de vous faire accompagner. Pas besoin que cet accompagnant soit un expert en phobie, il suffit que ce soit une personne de confiance avec laquelle vous avez un lien suffisamment fort pour que vous ayez foi en elle et que vous vous sentiez en sécurité à ses côtés.

POUR LA PETITE HISTOIRE…

Marion a décidé de conserver sa maison familiale, mais elle prend soin chaque année de faire venir une entreprise spécialisée pour éviter que les araignées n'envahissent la place, ou peut-être simplement pour se rassurer. Quoi qu'il en soit, lorsque par hasard l'un de ces animaux « croise son chemin », elle continue d'éprouver un certain dégoût, mais elle n'en a plus peur. D'autre part, ses rêves ou plutôt ses cauchemars ont disparu et elle se réjouit qu'un jour peut-être, elle passera des vacances avec ses futurs enfants dans ce lieu chargé de tant d'agréables souvenirs.

Chapitre 7

La phobie des chiens

LES CHIENS ABOIENT…

Germain, 32 ans, est venu consulter parce qu'il souffre d'une phobie aiguë des chiens. Par « aiguë » j'entends qu'il lui suffit de percevoir l'aboiement d'un chien, même à une distance éloignée, pour ressentir les premiers symptômes d'une peur panique. Il va se mettre à transpirer, son regard va rechercher tout autour de lui d'où peuvent provenir ces aboiements, ses gestes vont se faire de plus en plus lents jusqu'à ressentir une certaine forme de paralysie.

À de nombreuses reprises, il a essayé de savoir quelle était la cause de cette phobie, sans grand succès. Certes, il se souvient de l'énorme doberman que possédaient ses voisins alors qu'il était enfant, mais jamais il ne s'est senti menacé par cet animal. La seule anecdote qui lui revienne à l'esprit concerne un évènement auquel il a assisté quand il n'était encore qu'un jeune adolescent. Alors qu'il discutait avec des copains dans un parc, un pit-bull s'est précipité sur un petit chien que tenait en laisse sa maîtresse. Malgré les cris de la dame, le combat fut de courte durée et se solda par la mort du petit chien. La femme était en larmes et tenait désespérément la laisse de son compagnon ensanglanté. Ce fait divers, qui ne le concernait en rien, l'avait malgré tout marqué.

Comme il habitait une banlieue pavillonnaire, il était amené à « rencontrer » fréquemment des chiens qui gardaient les petites propriétés qu'il longeait en allant chaque matin à la gare pour se rendre en ville. Germain décrit ses allées et venues quotidiennes comme étant de « véritables calvaires ».

Même si le chien se trouvait derrière de hauts murs, derrière d'épaisses haies ou de solides grilles, il ressentait sa présence comme une menace d'une violence extrême. À chaque fois qu'il entrevoyait l'un de ces animaux, son cœur se mettait à battre la chamade, une transpiration abondante lui

coulait dans le dos, avec de surcroît une sensation de froid intense. Il n'était pas rare qu'ils ressentent des vertiges lui donnant l'impression qu'il allait s'évanouir.
Pour pallier à ces accès de panique provoqués par les chiens, Germain avait développé tout un itinéraire qui lui permettait d'éviter les jardins « dangereux ». L'inconvénient de cet itinéraire c'est qu'il mettait près de 45 minutes pour se rendre depuis son domicile jusqu'à la gare, alors qu'en temps normal et en empruntant le chemin le plus court ce trajet ne durait guère plus de 15 à 20 minutes.
Ce qui l'avait amené à consulter, c'est qu'il se trouvait totalement ridicule et « nul » et qu'en se soignant il espérait, ajoutait-il en riant, « pouvoir dormir une demi-heure de plus », car il pourrait ainsi prendre le chemin direct pour attraper son train.

La cynophobie, plus communément appelé la peur des chiens, est un problème dans un pays comme la France qui compte près de un chien pour 10 habitants. Certes, beaucoup de ces chiens sont concentrés dans les zones rurales ou dans les banlieues, mais malgré tout personne n'est à l'abri de ce type de rencontres même dans les centres urbains. Si dans la plupart des cas, les réactions sont beaucoup plus anodines que pour Germain, des faits divers relatant des morsures de chien sont là pour raviver les peurs que peuvent ressentir certaines personnes à la vue de ces animaux.

MIEUX DÉFINIR VOS PEURS

Comme dans tous les cas de phobie, une des premières étapes que je franchis avec mes patients est de déterminer ce qui véritablement leur fait peur, dans ce cas précis chez un chien. Je vous propose d'en faire autant. Certes, la réponse semble évidente : la peur d'être mordu. Mais essayez d'aller un peu plus loin et déterminez quel type de chien vous fait vraiment peur ? Avez-vous aussi peur d'un chihuahua minuscule que d'un doberman géant ? La présence d'un chien seule est-elle menaçante ? Faut-il qu'un chien aboie pour susciter une frayeur ? Est-ce qu'un chien endormi constitue une menace ? Y a-t-il des chiens « amicaux » ?

Poursuivez ainsi le questionnement autour de cette peur de façon à essayer de subdiviser les éléments qui la constituent. Peut-être alors allez vous pouvoir distinguer ce qui vous fait peur chez les chiens, de ce qui vous fait moins peur, voire vous est complètement indifférent. Une fois que vous aurez répondu à ces questions et à d'autres auxquelles vous pourriez penser, passez à l'étape suivante.

RENCONTRE VIRTUELLE AVEC VOS PEURS

La première étape de la thérapie va consister à rencontrer progressivement l'objet de votre phobie et ceci d'une façon virtuelle, c'est-à-dire dans votre imaginaire, en toute sécurité physique. N'oubliez pas, comme dans le cas de la phobie des araignées, de procéder étape après étape, en prenant tout le temps nécessaire afin de bien assimiler chacun des éléments de chaque étape.

Afin de faciliter ces évocations, je vous recommanderais de bien vous installer, dans un endroit où vous vous sentez bien et en parfaite sécurité. Ce peut être dans votre salon, dans votre chambre où dans un lieu imaginaire.

Votre planète au soleil

L'évocation

Vous allez imaginer une planète, votre planète, dans laquelle seuls existent les animaux que vous aimez et si vous n'aimez pas les animaux cela n'a pas d'importance, oubliez-les. Sur votre planète tout est calme et vous vous y sentez en parfaite sécurité. Souvent, vous aimez à vous promener. Quels que soient les chemins que vous empruntez, rien ne vous importune. Si vous appréciez la campagne, vous pouvez imaginer des champs et des prairies remplis de fleurs aux senteurs agréables.

Votre planète comporte de multiples couleurs, celles des fleurs rouges, blanches, jaunes, bleues, roses, celles des arbres et des montagnes... Il y a aussi des sons agréables comme celui des oiseaux qui chantent, des rivières qui coulent tout doucement, de la brise qui se glisse entre les feuilles des arbres. Vous vous sentez bien, détendu, léger.

Si vous préférez la ville, peut-être aurez-vous envie de vous arrêter à la terrasse d'un café pour boire votre boisson favorite. Je ne sais pas ce que vous aimez, mais je peux imaginer qu'il s'agit d'une boisson fraîche si agréable à déguster au soleil. Sur la petite place, devant votre bistrot, peut-être y a-t-il un groupe de personnes qui jouent tranquillement à la pétanque, ou quelques enfants paisibles qui jouent aux billes. Sur un petit mur en pierre, un chat ou un autre animal de votre choix se prélasse profitant des rayons du soleil pour se chauffer le corps. Tout ce décor, tout cet environnement respire le calme, la sécurité, le doux plaisir d'une matinée d'été.

Dans un coin de la place très éloigné de l'endroit où vous êtes, peut-être pouvez-vous distinguer une vieille niche abandonnée. Depuis bien longtemps, elle est inoccupée et d'ailleurs de mémoire d'homme personne ne se souvient d'y avoir vu un quelconque animal. Devant cette vieille niche, une écuelle, un os en caoutchouc, et une vieille laisse en cuir que l'humidité a décolorée. Vous vous sentez bien, très bien.

Comme dans les cas précédents, « rejouez » cette scène aussi souvent que vous le jugerez nécessaire, jusqu'à ce que vous vous sentiez en parfaite sécurité dans l'environnement qui y est décrit.

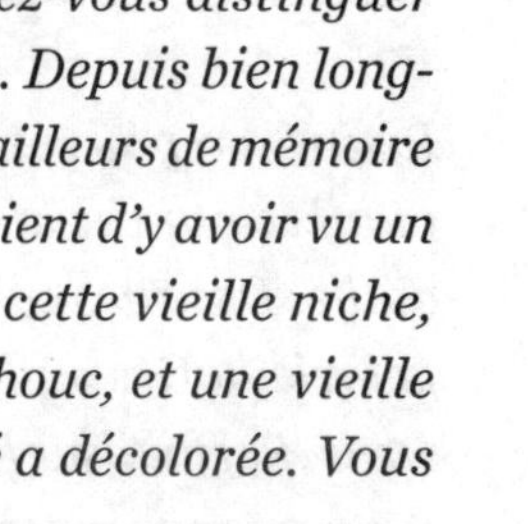

Promenade dans un village

La rencontre indirecte

Je vous propose de retourner sur votre planète et d'imaginer que tout y est toujours calme et que vous pouvez vous y sentir en parfaite sécurité. L'air est pur et il fait bon y respirer à pleins poumons. Lorsque vous vous promenez le long des rivières, l'eau transparente laisse deviner des poissons dont les écailles brillent au soleil. Les oiseaux chantent dans les arbres et vous vous sentez bien, en toute sécurité.

Peut-être pouvez-vous imaginer dans cette planète qui est la vôtre un petit village tranquille. Des rues calmes. Quelques boutiques un peu vieillottes où l'on peut trouver ce dont on a envie. Parfois, sur le trottoir, vous pouvez croiser des personnes : des hommes ou des femmes, qui tiennent à la main une laisse. Rassurez-vous, au bout de cette laisse il n'y a ... rien. Cela ressemble à un rêve ou à un tableau surréaliste. En plus tout est calme. Les gens se sourient et se saluent aimablement.

Vous aussi vous avez une telle laisse. Parfois vous sentez comme quelque chose qui vous entraîne ou qui vous freine, sans que vous sachiez vraiment ce dont il s'agit. Mais peu importe. La promenade est agréable.

Devant la porte de certaines maisons il y a une niche qui a dû abriter un animal, mais qui est vide à ce jour. Parfois devant ces niches il y a une écuelle avec un nom dessus tel que « Milou », « Médor » ou « Caramel ». Dans cette atmosphère tranquille, peut-être entendez-vous une musique douce que vous aimez. Peut-être sentez-vous l'odeur d'un mets qui cuit au four. Vous poursuivez votre promenade en tenant toujours votre laisse à la main. Vous vous sentez détendu, en parfaite sécurité.

La vieille dame et son chien

La rencontre imaginaire

Vous allez imaginer que vous vous promenez avec une personne en qui vous avez une parfaite confiance. Le lieu de cette promenade importe peu, ce peut être dans la campagne ou à la ville l'essentiel est que vous vous sentiez en sécurité avec cette personne. Vous voyez arriver face à vous une vieille dame, même si elle est encore loin de vous, vous pouvez distinguer qu'elle est toute menue et elle vous semble fragile. À la distance où vous êtes, vous pouvez malgré tout voir qu'elle est accompagnée d'un chien qui a une certaine taille. Puisque vous êtes dans votre imaginaire, vous pouvez donner la taille que vous voulez à ce chien. Il est peut-être minuscule ou beaucoup plus grand, comme vous le voulez. La seule chose dont vous ayez conscience c'est que ce chien est là pour veiller sur elle. Cette vieille dame avance avec difficulté et le chien règle son pas sur le sien. De temps à autre, cet étrange couple s'arrête et le chien lève les yeux comme pour demander à cette vieille dame chétive ce qu'il doit faire. Puis bien souvent il lui lèche la main comme pour lui redonner du courage. Il y a quelque chose de tranquille, de paisible et d'affectueux dans cette scène qui se déroule sous vos yeux. La vieille dame passe son temps à parler à son chien qui est visiblement son compagnon de tous les jours. Le chien la regarde, semblant la comprendre. Après quelques instants d'arrêt, ils poursuivent leur route sans jamais vous approcher. Vous vous sentez rassuré par la distance qui existe entre cet étrange couple et vous.

À un autre moment, vous entendez la cloche d'une église qui sonne gaiement dans le lointain. Et derrière cette sonnerie vous pouvez entendre aussi un aboiement éloigné. Étrangement, le chien semble dialoguer avec la cloche qui sonne. À nouveau, ce paysage, ces bruits évoquent quelque chose de tranquille et de paisible. Vous continuez votre promenade avec ce compagnon ou cette compagne en qui vous avez confiance et vous arrivez devant cette villa où vous savez qu'un chien somnole devant sa niche. Si votre cœur bat légèrement plus vite au fur et à mesure que vous approchez de cet endroit, vous sentez qu'au fond de vous-même il y a une grande part de tranquillité qui fait que vous abordez ce passage avec beaucoup de calme.

Comme prévu, et alors que vous êtes dans la rue, protégé par une grille infranchissable, vous arrivez en vue de cette fameuse ville. Vous êtes toujours accompagné par cette personne en qui vous avez une parfaite confiance. Effectivement, le chien est là, couché sur le sol à vous regarder avec des yeux de « chien battu », triste, calme et pacifique. À la vue de cet animal tranquille, vous pouvez vous sentir léger, comme libéré d'un poids.

Vous allez continuer votre route, suivi du regard par le chien toujours couché sur le sol.

Une fois dépassé cet endroit, vous arrivez à proximité d'un petit lac aux eaux limpides. Sa surface ressemble à un miroir dans lequel se reflètent les nuages, le soleil et les arbres. Tout est calme, tranquille, paisible et vous pouvez vous sentir en parfaite sécurité.

LES TRAVAUX PRATIQUES : LA DÉSENSIBILISATION EN ELLE-MÊME

Une fois que vous aurez effectué ces voyages imaginaires à plusieurs reprises et que vous vous sentirez parfaitement à l'aise de les entreprendre, vous allez pouvoir passer au travail de désensibilisation. À nouveau, je ne saurais trop vous encourager à l'effectuer d'une façon progressive.

La première étape que nous avons franchie avec Germain a consisté à dédramatiser le mot lui-même. J'avais remarqué, dès le début de nos entretiens, qu'il suffisait de nommer le mot

« chien » pour provoquer des réactions plus ou moins systématiques et plus ou moins violentes chez mon interlocuteur. Notre première tâche a donc été d'échanger des mots liés aux chiens, sans jamais prononcer le mot en lui-même. Nous avons ainsi échangé des termes tels que « niche », « collier », « os », « laisse »... puis, toujours sans prononcer le mot « chien », nous avons essayé lors d'une joute verbale de citer chacun à notre tour un maximum de races de chiens. C'est un exercice qui ne nous a pas pris beaucoup de temps car nos connaissances à tous les deux dans ce domaine étaient fort limitées. Effectuez ce « petit jeu » avec un ou une ami(e), il en vaut la peine.

La deuxième étape a consisté à regarder des livres d'images qui représentaient ces diverses races de chiens. De façon à égayer cette découverte, nous avons essayé d'associer chaque type de chien a une personnalité célèbre. Je dois dire que nous avons bien ri, ce qui a permis de beaucoup dédramatiser la situation. Je vous recommanderais d'en faire autant avec cet ami. Si vous parveniez à associer tel homme politique à un chihuahua ou tel artiste de cinéma à un boxer, cela ne fera que diminuer encore un peu plus les peurs qui pourraient demeurer à ce stade du travail. Ainsi, lorsque dans la rue vous rencontrerez un tel type de chien, vous ne pourrez vous empêcher de sourire en pensant qu'il ressemble terriblement à tel chef de parti politique ou même à un de nos ministres.

Le dernier exercice que je vous recommande d'effectuer, et que nous avons fait avec Germain, a été la rencontre directe avec un chien. Elle s'est faite d'une façon progressive, c'est-à-dire tout d'abord en l'observant à distance puis en se rapprochant peu à peu. Cette opération doit s'effectuer accompagné d'une personne de confiance et ne pas hésiter à « se forcer » un tout petit peu. Il est fort probable que votre inconscient vous mette en garde contre ce danger qu'il a classifié comme tel et donc que vous ressentiez peut-être quelques réticences. Insistez malgré tout, car à ce stade ce ne sont plus que des réminiscences d'un ancien système de valeurs qui demeurent. Votre nouveau système ne compte plus les chiens comme des dangers potentiels.

POUR LA PETITE HISTOIRE...

Même si Germain n'est toujours pas totalement à l'aise en présence des chiens, il arrive maintenant à passer sans difficulté devant toutes ces villas qui comportent un gardien canin. Je ne crois pas que c'est demain qu'il s'achètera un chien, mais par contre, lui qui était tout contre toute forme d'animal de compagnie a décidé, sur l'insistance de sa compagne, d'adopter un petit chat.

Variation sur un thème donné : les chats, les souris, les abeilles et autres animaux

Comme je l'ai mentionné plus haut, dans le cadre d'un petit livre comme celui-ci, il ne m'est pas possible d'aborder toutes les phobies. En revanche, sur la base de l'exemple de la phobie des araignées et des chiens, vous allez pouvoir traiter de nombreuses autres phobies. Reprenons étape après étape le scénario ci-dessus en l'adaptant à différents animaux.

MIEUX DÉFINIR VOS PEURS

Les questions que vous allez vous poser vont bien sûr dépendre de l'animal concerné. Si vous avez la phobie des chats, par exemple, vous pouvez vous demander ce qui vous fait peur chez eux. Vous craignez leurs griffes ? Leurs morsures ? Pour les souris, est-ce simplement leur aspect qui vous effraie ou bien encore le fait qu'elles puissent se glisser un peu partout ? Craignez-vous les piqûres des abeilles parce que c'est douloureux ou parce que vous risquez de faire une allergie ? Avez-vous peur d'en avaler une et qu'elle vous pique dans la gorge ?

Essayez, à travers ces questions, de mieux cibler ce qui vous fait peur chez ces animaux. Répétez cet exercice à plusieurs reprises et n'hésitez pas à vous poser autant de questions que vous le voulez. Vous verrez que même les réponses à des questions que vous pouvez considérer, *a priori*, comme stupides, peuvent vous amener à en savoir plus sur vous-même et sur votre phobie.

RENCONTRES VIRTUELLES AVEC VOS PEURS

Étape n° 1 – L'évocation

Durant cette première étape où vous commencez à « côtoyer » votre phobie dans votre imaginaire, je vous recommanderais de ne faire qu'évoquer l'animal à travers, comme c'est le cas ci-dessus, d'une histoire toute simple et d'une façon détournée : une histoire que raconte quelqu'un d'autre, un livre pour enfants, des enfants qui posent des questions...

Étape n° 2 – La rencontre indirecte

Toujours dans votre imaginaire vous allez rencontrer des objets qui vous évoquent votre phobie : un trou de souris, le panier pour le chat, le nid pour les oiseaux...

Étape n° 3 – La rencontre imaginaire

Cette fois, vous allez, en imagination, rencontrer l'animal.

Mais restez-en éloigné malgré tout. Pour que la situation reste « gérable » même dans le fantasme, je vous recommanderais de vous faire « accompagner » de quelqu'un qui vous inspire un sentiment de sécurité, ce peut aussi bien être un membre de votre famille qu'un acteur de cinéma, une personnalité que vous n'avez jamais rencontrée ou un personnage imaginaire.

LES TRAVAUX PRATIQUES : LA DÉSENSIBILISATION EN ELLE-MÊME

La démarche est relativement simple et systématique. Tout d'abord vous familiariser avec les mots liés à l'objet de votre phobie. Puis avec les images, en utilisant des BD ou des livres. Puis vient la rencontre, tout d'abord à une certaine distance, puis plus près. Faites-vous accompagner par un ou une ami(e), c'est plus sympathique et certainement plus rassurant. N'oubliez pas que plus vous resterez longtemps en contact visuel avec l'animal et mieux vous vous sentirez. La dernière étape va consister, si vous le sentez, à toucher l'animal, si toutefois cela peut se faire en toute sécurité.

Chapitre 8

Le vertige

LE VERTIGE SUR UN TABOURET

« J'ai le vertige même en montant sur un tabouret ou en descendant les marches du métro » c'est ainsi que Max, 46 ans, commença à décrire la phobie qui l'amenait à mon cabinet. Si cette phobie n'avait d'impact que sur lui-même, il aurait pu « vivre avec », mais son problème était qu'il pouvait ressentir cette sensation de vertige pour d'autres personnes. Ainsi, il avait toujours interdit à ses enfants de monter sur une échelle de peur qu'ils ne tombent. Maintenant, et peut-être par défi envers leur père, son fils et sa fille, âgés respectivement de 16 et 18 ans se livraient à leur sport favori : l'escalade. Max passait son temps à, non seulement se ronger les sangs lorsque ses enfants partaient en randonnée, mais il finissait aussi par en rêver la nuit et par se réveiller complètement paniqué à l'idée que ses enfants puissent tomber. C'est ainsi qu'à la phobie du vide s'ajoutait peu à peu une anxiété qui devenait parfois totalement insupportable. Sur la recommandation extrême d'un de ses médecins, Max en était même venu à prendre des anxiolytiques, ce qu'il avait du mal à accepter.

La source de ses vertiges lui semblait être un événement auquel il lui avait été donné d'assister alors qu'il n'avait que 10 ans. À cette époque, suite à l'effondrement d'un escalier, son père avait dû être évacué de l'immeuble dans lequel il travaillait par les pompiers et ceci à l'aide d'une grande échelle. Max avait assisté à la scène depuis la rue. Scène d'autant plus pénible que son père, tout comme lui, souffrait du vertige. Il s'était retrouvé complètement paralysé en haut de cette grande échelle sans pouvoir faire quoi que ce soit. Les pompiers avaient dû l'évacuer dans un harnais. Le souvenir de cette scène provoquait jusqu'à ce jour des réactions intenses chez Max. Il ressentait comme une boule à l'estomac, des frissons dans le dos et une crispation voire une tétanisation de ses muscles dorsaux.

> Le travail que nous avons effectué ensemble a consisté à la fois à conforter Max dans le fait que le vide constitue un danger et donc que sa peur était justifiée dans la mesure où certaines précautions n'étaient pas respectées. Si ces précautions étaient prises, que ce soit sur un tabouret, dans le métro, ou dans l'escalade d'une montagne, le risque était limité, voire nul.

Ce que Max appelle à tort le vertige est en fait la peur du vide ou l'acrophobie. Le nom de « vertige » étant réservé à cette sensation physique qui se définit comme une impression de déséquilibre due à une illusion de mouvement soit de la personne elle-même, soit de son environnement. Ce n'est pas ce que ressent Max : dès qu'il n'est plus au niveau du sol il a l'impression qu'il va tomber. 2 à 5 % de la population française serait atteinte d'acrophobie. Les femmes seraient les plus exposées.

MIEUX DÉFINIR VOS PEURS

Nombreuses sont les questions que vous pouvez vous poser concernant cette phobie.

En particulier, vous pouvez vous demander à partir de quelle hauteur êtes-vous sujet à cette peur du vide ? Est-ce en toute circonstance ? Suffit-il que vous ayez un point d'appui pour qu'elle disparaisse ? Si quelqu'un vous accompagne, votre peur du vide est-elle moins grande ? Est-elle plus prononcée à l'intérieur ou à l'extérieur ? Êtes-vous déjà tombé en montant sur une chaise ou une échelle ? Que se passe-t-il lorsque vous êtes pris par cette peur du vide : êtes-vous totalement paralysé ? Est-ce que vous transpirez ? Est-ce que vous avez l'impression que votre environnement bouge ? Vos jambes n'ont-elles plus la force de vous porter ?

Une fois que vous aurez répondu à ces questions et à d'autres qui pourraient vous venir à l'esprit, vous aurez sans doute une meilleure idée de ce qu'est vraiment votre peur du vide.

RENCONTRE VIRTUELLE AVEC VOS PEURS

Comme dans les cas précédents, vous allez imaginer, sur la base des scénarios que je vous propose, une rencontre virtuelle avec votre peur du vide. Cette « rencontre » se déroule en trois étapes. Surtout, prenez votre temps et répétez chacune de ces étapes autant de fois que cela vous semblera nécessaire. Ce n'est qu'une fois que vous vous sentirez à l'aise que vous pourrez passer à l'étape suivante.

Promenade dans un pré

L'évocation

Vous allez vous imaginer en train de vous promener dans une prairie qui se trouve sur un terrain entièrement plat. L'herbe rase vous permet de distinguer parfaitement le sol qui est d'une régularité exemplaire. On se croirait sur un terrain de sport tant le sol est régulier. Par endroits, il y a quelques petites touffes de fleurs : des marguerites, je crois, à moins que ce ne soit des boutons d'or ou toutes autres fleurs colorées que vous pourriez imaginer. La régularité de cette prairie est particulièrement reposante. Si vous en aviez envie, vous pourriez marcher les yeux fermés

sans rencontrer le moindre obstacle, le moindre caillou, la moindre motte de terre. Cette régularité a quelque chose de rassurant.

Ce terrain est plat à perte de vue. Dans le lointain, très loin, se dressent des montagnes. Ces montagnes sont là elles aussi pour vous rassurer. Elles semblent fournir un cadre à cette plaine plate et régulière. En vous promenant, vous sentez l'air dont la température est idéale. Cet air vous enveloppe d'une douce quiétude. Vous vous sentez bien, en toute sécurité. Si vous en avez envie, et seulement si vous en avez envie, vous pouvez vous asseoir sur ce banc. Il s'agit d'un de ces vieux bancs aux pieds en fonte avec des lattes en bois comme on en trouve encore dans certains parcs publics. Il est bien ancré sur le sol, scellé dans du béton.

Vous vous asseyez tranquillement sur ce banc de couleur vert sombre et vous pouvez contempler le paysage qui vous entoure. Ce paysage paisible qui vous détend. Ce paysage agréable où rien ne semble bouger, comme dans une carte postale. Vous entendez peut-être le chant de quelques oiseaux, ou le bruit des criquets cachés dans les herbes. Si vous en avez envie vous pouvez fermer les yeux et vous reposer un instant. Lorsque vous ré-ouvrez les yeux vous pouvez regarder le sol si cela vous fait envie. Regardez sa régularité et la sécurité qu'il vous inspire. Là, sur la gauche un peu plus loin, vous voyez une légère fissure dans le sol. C'est la terre qui a séché car il n'a pas plu depuis longtemps. Vous vous sentez bien, complètement détendu, paisible.

La maison de maître

La rencontre indirecte

Vous allez imaginer que vous vous promenez dans un grand parc tranquille. C'est un jardin à l'anglaise avec de longues allées bordées d'arbres et par endroits de petits lacs dans lesquels barbotent des canards et des cygnes. Cette promenade est des plus tranquilles et vous vous sentez complètement détendu. Le soleil brille dans un ciel bleu avec quelques petits nuages blancs. À certains endroits, il y a des statues en pierre qui servent de perchoir à des oiseaux. Tout ici respire la tranquillité, la paix et la sécurité. Sur ce petit lac à gauche, bordé de joncs, d'herbes folles et de saules pleureurs, vous pouvez voir une petite jetée en bois qui doit servir à amarrer la barque des pêcheurs.

En continuant votre promenade, vous découvrez une petite tour blanche surmontée d'un toit pointu fait de tuiles rouges qui sert de refuge aux pigeons et aux colombes qui volent dans ce parc magnifique. En haut de cette tour, juste en dessous du toit il y a de petites ouvertures avec de minuscules balcons qui permettent aux oiseaux de se poser avant d'entrer dans ce refuge où ils peuvent se sentir en parfaite sécurité.

Vous suivez maintenant une petite rivière qui fait la jonction entre un petit lac et un autre. L'eau de cette rivière est transparente, limpide, et d'une pureté qui vous donnerait presque envie de puiser, dans le creux de votre main, quelques gorgées de cette eau cristalline. Dans la chaleur de cette après-midi d'été, une agréable fraîcheur enveloppe ce lieu. En continuant votre promenade, vous arrivez à un endroit où un petit pont en bois enjambe la rivière. Et vous pouvez imaginer un instant qu'en d'autres temps de belles dames, vêtues de robes en velours, venaient en ce lieu papoter avec leurs amoureux enrubannés.

Vous arrivez maintenant sur une grande pelouse qui devait être très animée, lorsque le seigneur des lieux organisait de grandes fêtes. Au bout de cette pelouse, derrière la grande fontaine, vous découvrez une colline qui domine toute la propriété. Un instant vous pouvez vous demander si du haut de cette colline il vous serait possible d'observer toute la propriété. Vous vous sentez en parfaite sécurité en ces lieux et vous continuez ainsi votre promenade jusqu'au grand escalier qui permet de pénétrer dans la maison de maître, véritable petit château, reste de la splendeur d'un autre temps.

Sur le pont

La rencontre imaginaire

Vous avancez sur un chemin dans la campagne, un chemin irrégulier couvert de cailloux, de rochers et de sable. Par endroits même, ce chemin est envahi par les herbes. Le temps est au beau fixe, vous vous sentez bien. Peut-être entendez-vous le chant des grillons. Peut-être pouvez-vous sentir l'odeur de l'herbe coupée et des fleurs des champs. À un moment, ce chemin s'arrête, il y a une petite tranchée, reste d'un ruisseau aujourd'hui asséché. Pour franchir ce minuscule ruisseau des paysans ont construit un pont en pierre. Ces pierres d'une solidité à toute épreuve vont vous permettre de passer au-dessus de cet obstacle en toute sécurité. Chaque pierre a été assemblée avec beaucoup de précautions. Elles s'encastrent les unes dans les autres et donnent à ce tout petit pont une solidité à toute épreuve. En regardant droit devant vous, vous allez franchir ce petit pont. En fait, vous n'allez sentir aucune différence sous vos pieds entre le chemin lui-même et ce petit pont que vous allez passer. C'est comme s'il faisait partie intégrante du sol. Et d'ailleurs, même si vous aviez envie de regarder en bas de ce tout petit pont, vous verriez qu'il est passablement inutile car sa hauteur est faible, à peine quelques centimètres. Ces quelques centimètres sont amplement suffisants pour laisser la place au lit de ce ruisseau asséché.

Vous allez continuer votre chemin et, tout en sentant la solidité du sol sous vos pieds, vous allez observer ces vaches qui paissent dans la campagne. Un peu plus loin, vous voyez un village qui se cache dans le creux d'un vallon. Seul le clocher de l'église apparaît avec quelques cheminées. D'ailleurs, à peine avez-vous découvert ce lieu que vous pouvez entendre dans le lointain la cloche de l'église qui sonne. Vous vous laissez peu à peu gagner par cette atmosphère tranquille, paisible et sécurisante.

Un peu plus loin, le chemin s'arrête à nouveau et cette fois c'est un pont en bois qui franchit une petite rivière. Un mince filet d'eau coule dans le lit de la rivière et vous pouvez observer en toute tranquillité, en toute sécurité, le pont que les paysans ont construit voilà bien longtemps. Peut-être des siècles et des siècles. Ils l'ont construit avec un bois si dur, si solide, qu'il résiste au temps, aux éléments et aux personnes qui le traversent. Chaque planche est très solide, cerclée de fer avec une rambarde, elle aussi d'une grande solidité. Combien de personnes, de chariots, de chevaux et de vaches ont franchi ce pont qui a toujours réussi à les porter ?

À votre tour, vous allez vous engager sur ce pont. Vous posez un pied sur la première planche puis sur une autre et ainsi de suite, vous traversez les quelques mètres qui vous permettent de gagner l'autre rive. En chemin, vous pouvez laisser votre

regard parcourir le lit de la rivière. La solidité du pont, la sécurité que vous pouvez ressentir à être dessus, vous permettent d'apprécier le paysage. Une fois parvenu de l'autre côté vous vous sentez bien et détendu. Bien et détendu.

LES TRAVAUX PRATIQUES : LA DÉSENSIBILISATION EN ELLE-MÊME.

Pour traiter le problème de la peur du vide de Max, nous avons procédé comme pour les autres phobies. Dans un premier temps il y a eu l'approche imaginaire de l'objet de la phobie telle que décrite ci-dessus puis, dans un second temps une confrontation directe mais progressive avec cette peur.

Je ne saurais trop insister sur le fait que la familiarisation avec le vocabulaire lié à l'objet de la phobie est une étape importante. Je vous engage très vivement à le pratiquer à votre façon avec une personne de votre choix. Cela peut se faire sous forme ludique ou simplement en recherchant sur Internet le vocabulaire en lien avec votre peur du vide. Pour votre inconscient, le « domptage » des mots et des concepts est quelque chose de très important.

Dans un second temps, vous allez passer à une approche visuelle du vide, c'est-à-dire regarder des images si possible dans des livres, mais à défaut à nouveau sur le net, ayant trait à votre phobie. Ce peut-être des objets tels que des échelles, des tabourets, les échafaudages, des ponts suspendus ou des situations plus aventureuses telles que des photos prises dans des montagnes, des images d'alpinistes, ou de parachutistes. Dans ce cadre, vous restez toujours, dans une certaine mesure, dans l'imaginaire.

Puis vient la période de la confrontation directe. Celle-ci va être différente en fonction du degré de votre phobie. Vous pouvez simplement, si cette phobie est intense, commencer par monter sur un petit tabouret d'enfant, puis gravir peu à peu les échelons d'un escabeau, descendre un escalier en vous tenant tout d'abord à la rampe puis en la lâchant. L'idée étant qu'à chaque fois vous preniez suffisamment confiance en vous-même pour passer à l'étape suivante. N'hésitez pas à vous repasser les petits « films » que vous avez imaginés. Et encore une fois, « évitez d'éviter ».

POUR LA PETITE HISTOIRE...

Non, Max ne fait pas de l'escalade avec ses enfants. Mais par contre, il est maintenant tout à fait capable de monter sur un escabeau pour changer une lampe dans son salon, chose qu'il était totalement incapable de faire avant nos séances. Il y a quelque temps de cela, il a pu même annoncer triomphant qu'il était monté au deuxième étage de la tour Eiffel et qu'il avait pu regarder en bas sans ressentir la moindre peur du vide.

POUR VOUS AIDER

Afin de compléter cette partie sur le vertige, vous trouverez sur Internet des enregistrements audio exclusifs qui vous aideront dans votre rencontre imaginaire avec l'objet de votre phobie ainsi que des vidéos qui compléteront une approche douce à votre démarche. Ces divers enregistrements se trouvent à l'adresse suivante : www.quotidienmalin.com/surmontez-vos-peurs

Chapitre 9

La peur de l'eau

LE CAUCHEMAR D'UNE CROISIÈRE

Romain, 37 ans, occupe un poste très important dans la filiale d'une multinationale qui se trouve à Genève. La maison-mère, quant à elle, est située aux États-Unis. Une fois par an, il est d'usage que tous les cadres de cette multinationale se retrouvent lors d'un séminaire qui permet de définir une stratégie globale pour l'entreprise. Cette année-là, ce séminaire doit se tenir sur un paquebot de luxe dans les Caraïbes.

Ce qui aurait dû réjouir Romain a été, dès l'annonce du lieu de la réunion, le début d'un long calvaire. En effet, Romain souffre d'aquaphobie, il a la phobie de l'eau et ceci depuis sa plus tendre enfance. Il aime le sport sous toutes ses formes : les courses en montagne, le vélo, le tennis, mais il n'a jamais pu s'approcher d'une piscine et encore moins aller passer des vacances au bord de la mer. Il va même jusqu'à éviter de prendre des bains, leur préférant les douches, car il a l'impression qu'il pourrait se noyer dans la baignoire. Jusqu'à présent il a toujours réussi à éviter cet élément liquide qu'il craint par-dessus tout. L'idée de se trouver sur un paquebot, aussi grand soit-il, avec « des milliers de mètres d'eau sous ses pieds » le paniquait totalement. Pourtant, il était impensable qu'il n'assiste pas à ce fameux séminaire. Après avoir consulté plusieurs médecins, dont certains lui avaient conseillé des antidépresseurs qu'il se refusait de prendre, Romain atterrit dans mon cabinet.

Nous n'avions que quelques semaines pour venir à bout de sa phobie de l'eau. Dans ce cas comme dans la plupart des autres, la thérapie a comporté deux éléments : un élément lié au changement des schémas établis par l'inconscient de Romain, et l'autre un aspect pratique qui consiste à confronter le patient avec ses peurs et l'aider à les dépasser. Mais le plus important dans l'histoire demeure le changement des schémas de « protection » mis en place par l'inconscient qui a sans doute toutes les bonnes raisons de redouter l'eau et la noyade.

La phobie de l'eau touche environ 5 % de la population. Elle peut revêtir différentes formes, depuis les personnes qui ont peur d'étouffer en buvant un verre d'eau jusqu'à celles qui ont peur de se noyer en prenant un bain, en passant par celles qui ont peur de se baigner dans la mer ou de prendre un bateau. Certains auteurs associent ce type de phobie à des angoisses qu'aurait ressenties le fœtus dans le liquide amniotique lors de grossesses difficiles, mais ce ne sont là que pures spéculations. L'approche que nous avons suivie avec Romain, et que je vous propose de suivre à votre tour, commence par une meilleure définition des peurs.

MIEUX DÉFINIR VOS PEURS

En fonction du type de phobie dont vous souffrez, je vous recommanderais de répondre aux questions suivantes et de ne pas hésiter à rajouter d'autres questions si celles que je mentionne ci-dessous ne correspondent pas exactement à votre problématique :

À quand remonte votre peur de l'eau ? Qu'est-ce qui vous fait vraiment peur dans votre relation à l'eau ? Toutes les formes de liquide vous font-elles peur ? Est-ce que boire de l'eau vous fait peur ? Avez-vous peur de vous noyer ? Quelle est la quantité d'eau que vous pouvez trouver menaçante ? Est-ce que la douche ou le bain vous font peur ? Est-ce que tremper les pieds dans l'eau vous paraît dangereux ? Est-ce que le fait de prendre un bateau vous fait peur ? Vous est-il possible de mettre la tête dans l'eau ? Ou d'autres parties du corps ? Avez-vous plus peur de la mer, d'un lac, d'une piscine ou même d'un bain ? Avez-vous vécu des moments pénibles sur l'eau ou dans l'eau ?

Une fois que vous aurez répondu à ces questions, passez à l'étape suivante.

RENCONTRES VIRTUELLES AVEC VOS PEURS

Installez-vous confortablement dans un fauteuil ou bien ailleurs, et laissez aller votre imagination.

Dans les jardins du Luxembourg

L'évocation

Vous allez imaginer que vous vous promenez dans les jardins du Luxembourg à Paris ou dans tout autre parc dans lequel il y a une grande fontaine qui est actuellement vide à cause de l'hiver. Vous savez très bien que durant la saison estivale, cette même fontaine est remplie d'eau. Heureusement, au moment où vous vous promenez, peut-être accompagné par une personne avec laquelle vous vous sentez en parfaite sécurité, la fontaine est vide. Des pigeons ou d'autres oiseaux y sont douillettement installés. Asseyez-vous confortablement dans un de ces fauteuils que l'on trouve dans les parcs publics, ou s'il n'y en a pas, sur un banc. Regardez à nouveau cet endroit vide et surtout, ne pensez pas aux quelques centimètres d'eau qui s'y trouvent pendant l'été et sur lesquels des enfants font voguer de petits bateaux à voile ou à moteur.

Vous vous sentez en parfaite sécurité et vous profitez des rayons du soleil hivernal qui vous réchauffent agréablement. Peut-être voyez-vous, non loin de votre siège, une flaque d'eau dans laquelle se reflète le soleil et qui se confond avec le sable et les cailloux du parc. Vous vous sentez particulièrement bien avec cette personne à vos côtés et toutes sortes d'émotions positives envahissent votre corps. Laissez-vous aller ! Le ciel est d'un bleu pâle et vous vous sentez tranquille. Peut-être entendez-vous le son d'un accordéon ou d'un autre instrument qui joue une musique d'un autre temps.

Répétez cette rêverie aussi souvent que possible jusqu'au moment où vous vous sentirez prêt à passer à l'étape suivante.

Quelques petites gouttes d'eau

La rencontre indirecte

Vous marchez tranquillement dans la campagne, il fait bon, juste la température que vous aimez. Le ciel est bleu, seuls quelques petits nuages blancs flottent dans l'air. Des oiseaux volent au loin. Vous êtes seul ou accompagné d'une personne avec laquelle vous vous sentez bien. Vous vous sentez en parfaite sécurité. Alors que vous marchez dans la campagne, vous voyez un rocher et au-dessus de ce rocher, une petite source d'eau qui coule. Il ne s'agit que de quelques gouttes d'eau qui ruissellent sur la pierre humide et qui viennent s'accumuler au pied du rocher, formant ainsi une petite mare de la taille d'une assiette.

Vous vous sentez tellement bien en cet après-midi tranquille que je vous demanderai de regarder de plus près cette petite mare dans laquelle vous voyez le soleil qui se reflète et peut-être aussi les nuages. Je vous propose maintenant de simplement tremper votre main droite dans cette eau fraîche et sentir comme ce liquide insaisissable enveloppe votre main. Vous pouvez voir maintenant l'eau qui s'écoule de cette petite mare en un mince filet qui se faufile entre les cailloux, les herbes, la mousse.

Je vous propose maintenant de suivre ce mince filet d'eau et de regarder comment, après des tours et des détours, il devient légèrement plus conséquent. Il ne s'agit pas encore d'un ruisseau mais simplement d'un filet d'eau. Si vous en avez envie, vous pouvez replonger votre main dans cette eau et sentir la fraîcheur qui l'enveloppe. Alors que ce filet d'eau s'agrandit légèrement, une petite feuille se trouve emportée par lui. Elle semble hésiter, s'arrêtant contre une pierre, une

feuille, un petit morceau de bois. Et, toujours, elle repart avec délicatesse. Au bout d'un moment, vous la perdez de vue et vous pouvez regarder l'eau qui coule paisiblement.

Lorsque vous vous trouverez confortable avec ces quelques images, vous pourrez passer à la troisième étape.

La plage, le sable et la mer

La rencontre imaginaire

Vous êtes allongé sur une plage de sable fin. À nouveau, vous êtes peut-être seul ou accompagné d'une personne que vous aimez bien et avec laquelle vous vous sentez en parfaite sécurité. Vous pouvez entendre dans le lointain le bruit doux des vagues. Tout est tranquille et vous vous sentez aussi détendu que cela peut vous être possible. Le ciel est d'un bleu clair, le soleil brille et vous sentez ses rayons chauffer tout votre corps. Si vous en avez envie, vous pouvez aller vous promener le long des dunes qui bordent la plage. Ces dunes de sable font un rempart qui vous empêche de voir la mer. Vous sentez le sable chaud entre vos orteils et vous pouvez toujours entendre le bruit de la mer un peu plus loin. Mais pour l'instant, elle demeure invisible et c'est pour cela peut-être que vous vous sentez aussi détendu que possible.

Je vous propose maintenant de vous diriger vers le bord de l'eau que vous allez commencer par observer à distance. En procédant à ce que j'appelle une dissociation, c'est-à-dire que vous allez observer votre corps qui se dirigera vers la mer tout en restant, vous-même, assez loin de la mer. Vous le voyez qui avance doucement un pas après l'autre. À un moment donné, vous pouvez vous voir alors que l'eau vient vous lécher les pieds. Bien sûr, comme il ne s'agit pas de vous – tout en étant vous – vous ne pouvez pas ressentir l'agréable température de l'eau qui va et qui vient. Peut-être allez-vous même constater que cet autre vous-même entre peu à peu dans l'eau. Comme il ne s'agit pas de vous, vous n'êtes pas inquiet, au contraire, ce que fait votre corps peut vous paraître intéressant. Il a maintenant de l'eau jusqu'aux genoux. Rien ni personne ne vous oblige à le rejoindre mais peut-être avez-vous envie de goûter à ce qui paraît beaucoup lui plaire ?

Lorsque vous vous sentirez prêt, vous pourrez opérer cette jonction et ne faire plus qu'un avec votre double. Ainsi vous pourrez ressentir, en toute sécurité, les plaisirs de cette eau qui est juste à la température que vous aimez.

Mais surtout, surtout, prenez votre temps et répétez autant de fois qu'il vous semblera utile ce petit exercice imaginaire. Une fois que vous vous sentirez à l'aise, vous pourrez passer aux travaux pratiques.

LES TRAVAUX PRATIQUES : LA DÉSENSIBILISATION EN ELLE-MÊME

La désensibilisation en elle-même va dépendre énormément du degré et du type de phobie de l'eau. Les lignes qui suivent vont décrire le processus que j'ai suivi avec Romain. Vous pouvez suivre le même en l'adaptant à votre phobie particulière.

Après avoir effectué, à plusieurs reprises, les « rencontres imaginaires » avec l'élément aquatique, j'ai senti que Romain était suffisamment prêt pour passer à l'étape suivante, c'est-à-dire le contact direct avec sa phobie. Notre première étape a été verbale. Nous avons longuement parlé... de l'eau sous toutes ses formes. Ces conversations n'avaient pas de but précis, sinon celui de permettre à Romain d'aborder ce sujet de la façon la plus naturelle possible. Je suis certain qu'il y a, parmi vos amis, des personnes suffisamment passionnées par la mer, la pêche ou la baignade pour vous permettre d'avoir de telles conversations.

Une fois cette aisance acquise, nous sommes passés à l'étape visuelle. J'ai confié à Romain un certain nombre de livres comportant des illustrations marines que nous avons tout d'abord feuilletés et commentés ensemble, et qu'il a eu ensuite pour mission de consulter tout seul, à la maison. Puis nous avons regardé quelques vidéos sur des lacs et des rivières. Ces documentaires avaient pour point commun leur aspect paisible et tranquille. Cette étape est aisément faisable seul ou avec un ami.

Arrivé à ce stade, il fallait à Romain entrer en contact direct avec l'eau. Ce qu'il a fait progressivement en prenant... des bains. Tout d'abord dans une baignoire au trois-quarts vide, puis en la remplissant toujours un peu plus à chaque bain, sans toutefois dépasser la moitié de la baignoire.

L'étape suivante a consisté à aller se promener au bord du lac. Mais là aussi, la progression a été lente. Nous avons tout d'abord mis une rue entre le lac et nous. Puis au fur et à mesure de nos promenades, nous nous sommes de plus en plus rapprochés du bord. Je crois qu'au plus près nous sommes parvenus à nous en approcher à deux mètres, ceci en discutant de sujets variés de façon à « distraire » son attention. Il est essentiel, quand vous ferez ces promenades, de les faire avec une personne de confiance, si possible avec laquelle vous partagez un certain nombre de centres d'intérêt de façon à ce que vous ne soyez pas uniquement focalisé sur l'eau pendant la promenade.

Les séances de piscine ont été les plus délicates. Les premières ont consisté à simplement entrer dans les lieux et à se promener autour du bassin. Ce n'est qu'à la troisième tentative que

Romain a commencé à entrer dans l'eau. Tout d'abord en descendant les marches du petit bain, puis en avançant dans l'eau jusqu'aux genoux. Un conseil, allez à la piscine lorsqu'il n'y a pas d'enfants, le matin de bonne heure ou le soir, de façon à éviter de vous faire éclabousser. Et surtout, comme dans l'étape précédente, allez-y accompagné, si possible d'un ou d'une amie patient(e) qui acceptera sans s'énerver que vous preniez votre temps pour entrer dans l'eau.

Finalement, comme à Genève nous avons la chance d'avoir un lac, notre dernière étape a été une minicroisière sur un bateau, avec un bon dîner à la clé. La soirée a été des plus agréables et Romain n'a eu aucune difficulté à oublier qu'il y avait « plusieurs mètres d'eau sous ses pieds ». Si vous n'avez pas de plan d'eau ou de rivière suffisamment important pour faire un tel voyage, attendez les prochaines vacances et surtout n'oubliez pas de vous faire accompagner.

Dans le cas de Romain, tout ce processus s'est accompagné d'une visualisation de ce qu'allait être sa croisière dans les Caraïbes, ce qui a été aussi pour beaucoup dans le succès de notre travail.

POUR LA PETITE HISTOIRE…

Vous dire que Romain est parti faire sa croisière sans aucune appréhension serait exagéré. En revanche, à son retour, il était très content de son séjour, non seulement parce qu'il s'était bien passé et que finalement « l'eau, ce n'est pas si terrible que ça », mais en plus, et là c'est une pure coïncidence, durant ce voyage le président-directeur général de la firme pour laquelle il travaille a annoncé sa promotion à un poste des plus importants.

Chapitre 10

La phobie du sang et des piqûres

DES PIQÛRES ET DU SANG

Suite à un accident de vélo de son fils de 8 ans, Jason, 36 ans, est venu consulter pour une phobie du sang et des piqûres.

Alors qu'il était en train de faire une promenade en forêt sur son VTT, accompagné de son fils aîné et de trois de ses copains de classe, son fils a buté contre une branche et est tombé. L'accident était anodin, mais le garçon s'est mis à saigner abondamment du genou. Jason s'est précipité pour lui porter secours, mais à la vue du sang, il s'est trouvé mal et est tombé par terre, inanimé.

En soi, l'évanouissement n'avait rien de grave. De plus, ce n'était pas la première fois que Jason « tombait dans les pommes » à la vue du sang. En revanche, pour son fils, cet événement mineur eut des conséquences particulièrement pénibles. En effet, lorsqu'il est retourné à l'école le lundi suivant, ses copains ont commencé à se moquer de lui en disant que son père était une mauviette qui se trouvait mal à la seule vue d'une goutte de sang. Jason sentait que son fils lui en voulait de cette faiblesse, même s'il savait qu'il s'agissait d'une « maladie » survenue à la suite d'un traumatisme.

En effet, à l'adolescence, Jason avait été le témoin d'un accident de la route particulièrement horrible. Après avoir vu deux des passagers de la voiture impliquée complètement couverts de sang, Jason avait été traumatisé. Ce traumatisme s'était très vite transformé en phobie du sang. Il était non seulement incapable de regarder du sang dans la réalité, mais en plus l'effet était quasiment le même lorsqu'il assistait à un film où des scènes sanglantes se déroulaient. La lecture même de récits comportant des descriptions de telles scènes provoquait chez lui au mieux des sentiments de malaise intenses et au pire des syncopes accompagnées d'une perte de connaissance. La simple évocation de l'hôpital, des piqûres ou même le son des sirènes des ambulances pouvaient entraîner chez lui des réactions violentes. Ces syncopes en elles-mêmes ne présentaient pas un réel danger, en revanche les chutes qui les accompagnaient pouvaient provoquer des accidents parfois graves, comme des traumatismes crâniens ou diverses autres blessures.

AVANT DE COMMENCER…

Dans un premier temps, il est important de s'occuper du signe avant-coureur de cette phobie, c'est-à-dire le fait de perdre conscience lorsque vous êtes mis en présence de sang ou à la perspective d'être piqué. Car il est impossible d'entrer dans le vif du sujet si vous vous trouvez mal à la seule évocation dudit sujet.

Alors que, dans la plupart des autres cas de phobie, la première réaction physique est une accélération du rythme cardiaque, dans le cas précis de la phobie des aiguilles et du sang,

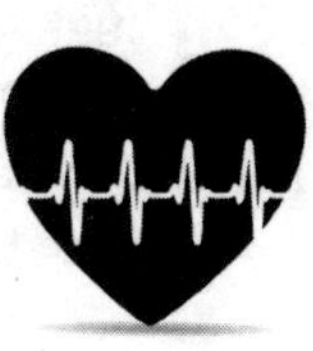

c'est l'inverse qui se passe. En effet, à la vue du sang, l'inconscient qui, ne l'oublions pas, est là pour nous protéger, a pour réaction de diminuer la tension artérielle car il ne sait pas distinguer si ce sang est celui de la personne impliquée ou de quelqu'un d'autre. Cette diminution de la pression artérielle est une « précaution » pour éviter qu'il y ait une trop grosse hémorragie et permettre à la coagulation, le cas échéant, de s'effectuer le plus rapidement possible. Lorsque cette tension artérielle baisse d'une façon aussi brutale, c'est en premier lieu le cerveau qui va être privé de l'apport sanguin nécessaire, ce qui va, à son tour, provoquer une syncope accompagnée d'une perte de conscience.

UN COMPORTEMENT GUERRIER GÉNÉTIQUEMENT NON MODIFIÉ

Parmi les diverses interprétations que l'on a pu donner à ce phénomène, deux méritent d'être retenues. Elles nous font remonter à nos lointains ancêtres qui, lors de combats entre guerriers, utilisaient l'évanouissement pour paraître morts et ainsi tromper les adversaires. Une autre interprétation serait que le fait de faire baisser la pression artérielle permettait aux blessés de ne pas se vider de tout leur sang. C'est un phénomène qui nous aurait donc été transmis par nos gènes. À nouveau, il s'agit là d'un acte de protection (éviter que l'on ne perde trop de sang ou de se faire tuer) qui provoque un effet indésirable.

Dans un premier temps, il est donc nécessaire, afin d'éviter cette chute brutale de la pression artérielle, de pratiquer quelques exercices très simples. Il s'agit tout d'abord pour vous de reconnaître à quel moment il y a risque d'évanouissement. Lorsque vous avez reconnu ces moments qui précèdent la baisse de tension, vous allez contracter le plus fort possible les muscles de vos bras, de vos jambes, de votre poitrine et de votre ventre, et ceci pendant 10 à 20 secondes. Répétez cet exercice une douzaine de fois, voire plus, jusqu'à ce que vous ressentiez une forme de chaleur au niveau du visage. Vous réussirez ainsi à passer le premier cap de la syncope. Vous pouvez aussi utiliser une technique de tapotement comme l'EFT* pour faire diminuer le stress lié à ces évocations.

---

* Jean-Michel Gurret, *Mieux vivre avec l'EFT, c'est malin*, Éditions Leduc.s, 2014.

Ce n'est qu'une fois que vous aurez le sentiment de mieux « gérer » cette réaction primaire que vous pourrez vous attaquer directement à la phobie elle-même.

MIEUX DÉFINIR VOS PEURS

Je sais que cette seconde étape n'est pas simple, car elle demande de prendre « à bras-le-corps » ce qui génère votre souffrance. Se poser la question de savoir ce qui vous fait peur dans le fait de voir du sang, de saigner, ou de subir une piqûre est déjà un exploit en soi. C'est pourquoi je vous propose de le faire d'une manière indirecte, c'est-à-dire de procéder à une forme de dissociation, c'est-à-dire d'imaginer les dangers qui menacent une autre personne qui n'est pas vous, si elle se met à saigner ou si elle est piquée. Est-ce qu'elle risque de se vider de son sang, par exemple ? Son cœur risque-t-il de s'arrêter ? Sa blessure va-t-elle rester ouverte à tout jamais ? Est-ce que, si elle se fait piquer, elle risque une hémorragie ? La douleur de la piqûre va-t-elle être si intense qu'elle va s'évanouir ?...

Une fois que vous aurez répondu à ces questions, passez à l'étape suivante.

RENCONTRES VIRTUELLES AVEC VOS PEURS

Installez-vous confortablement dans un fauteuil ou bien ailleurs, et laissez aller votre imagination.

Un jardin extraordinaire

L'évocation

Imaginez un grand jardin potager, avec toutes sortes de légumes, de fleurs et d'arbres fruitiers. Parmi les fleurs, il y a des roses, des violettes, des pensées, du jasmin au parfum envoûtant, du muguet lui aussi odorant et toutes les fleurs que vous aimez. Dans ce jardin de vos rêves, tout est possible. Tout est calme, tranquille, paisible et vous pouvez vous sentir en parfaite sécurité

dans ce lieu magique. Votre regard est attiré par de magnifiques roses rouges. Vous vous en approchez, vous vous penchez, et vous pouvez en respirer le délicieux parfum. Du bout des doigts, caressez les pétales colorés de cette fleur magnifique.

Un peu plus loin, il y a un cerisier. Ses branches sont couvertes de fruits charnus que le soleil printanier a fait mûrir jusqu'à ce qu'ils prennent cette couleur rouge légèrement foncée. Je vous propose de vous hisser sur la pointe des pieds et de cueillir quelques-unes de ces cerises. Vous allez porter l'une d'elles à votre bouche et la croquer. Vous sentez dans votre bouche le goût sucré et délicat de son jus. Fermez les yeux et appréciez ce liquide sucré. Vous allez manger plusieurs de ces cerises et en savourer la douce saveur. Quelques gouttes de jus coulent sur vos doigts et, de la langue, vous en nettoyez la trace. C'est bon...

Répétez aussi souvent que possible ce rêve éveillé jusqu'à ce qu'il vous paraisse anodin. Puis passez à l'étape numéro deux.

L'égratignure

La rencontre indirecte

Vous vous promenez toujours dans ce jardin merveilleux et vous voyez, au détour d'un chemin, un groupe d'enfants qui courent en riant. C'est un spectacle particulièrement paisible et tranquille. Un oiseau chante dans un arbre. Une légère brise emplie de mille parfums enveloppe tout le jardin. Le tout ressemble à un rêve éveillé.

À un moment, comme au ralenti, l'un des enfants fait une chute. Les autres s'arrêtent pour l'aider à se relever. Il s'apprête à repartir lorsqu'il s'aperçoit que, dans sa chute, il s'est légèrement égratigné le genou gauche. L'instant d'après, cet enfant arbore fièrement un petit sparadrap qui cache sa minuscule blessure.

Cela vous fait penser à la fois où, étant vous-même enfant, vous vous êtes légèrement piqué en voulant approcher de trop près une rose rouge qui sentait si bon. Et vous vous souvenez combien, vous aussi, vous étiez fier de ce petit sparadrap qui ornait votre doigt. À l'évocation de ce souvenir, vous retrouvez l'atmosphère douce et chaleureuse de ces vacances merveilleuses que vous passiez à la campagne ou à la mer, chez vos grands-parents ou chez des amis. Vous vous sentez bien, en toute sécurité.

La rose rouge

La rencontre imaginaire

Vous vous promenez dans une forêt calme et tranquille. Vous pouvez sentir l'odeur du bois coupé et peut-être même des champignons. Vous êtes accompagné par une personne en qui vous avez une totale confiance. Votre relation est douce et tranquille et vous vous sentez particulièrement détendu. Regardez sur la droite, un écureuil saute de branche en branche. Un peu plus loin, un oiseau semble vous regarder en penchant légèrement la tête. L'air est particulièrement léger, vous vous sentez en parfaite sécurité. À travers les branches des arbres, vous pouvez voir le ciel bleu, les rayons du soleil qui jouent à cache-cache. Dans un tel endroit, tout n'est que douceur, calme et sérénité.

En passant près d'une haie, une toute petite épine vient écorcher votre index. Au début, vous ne ressentez qu'une infime piqûre comme celle d'un moustique, puis vous vous apercevez

qu'une minuscule goutte de sang perle sur votre peau. Cette perle vous fait penser à une rose à peine éclose. Heureusement, la personne en qui vous avez une parfaite confiance est assise à côté de vous. Elle se penche sur votre doigt et à l'aide d'un mouchoir fait disparaître cette fleur rouge. Comme par miracle, toute trace de la piqûre a disparu. Il ne reste plus que cette infime sensation de piqûre qui, elle aussi, a tendance à s'envoler comme s'envole cet oiseau qui vous regardait marcher dans ce lieu calme et serein.

LES TRAVAUX PRATIQUES : LA DÉSENSIBILISATION EN ELLE-MÊME

Le travail de désensibilisation que j'ai effectué avec Jason, et que vous pouvez faire également, a commencé, comme c'est le cas dans la plupart des traitements de phobie, par une accoutumance aux mots qui sont liés à cette phobie. Nous avons passé quelques instants, en début de séance, à jouer à un jeu qui peut paraître à première vue stupide, mais qui permet de dédramatiser le vocabulaire lié au sang. Il consiste à trouver, à tour de rôle, un mot ayant une connexion avec le sang et les piqûres qui commence par A, puis par B... et ainsi de suite. Nous avons beaucoup ri, surtout lorsqu'il s'est agi de trouver des mots qui commencent par un W.

Une fois ce travail préliminaire d'accoutumance acquis, nous sommes passés à l'étape suivante qui a consisté à regarder des images liées au sang. Dans un premier temps, Jason a utilisé un bon vieux dictionnaire médical dans lequel nous avons pu trouver les coupes microscopiques de cellules sanguines. Puis nous nous sommes décollés de ce microcosme pour aller vers des images plus réalistes et plus explicites telles que des gouttes de sang, une plaie, une blessure, une seringue Puis j'ai demandé à Jason d'examiner le jeu des veines sur sa main droite, d'en admirer l'entrelacement et d'imaginer le sang qui coule à l'intérieur.

Jason a eu un peu plus de difficultés avec l'exercice suivant qui consistait à « jouer » avec une seringue, tout d'abord sans aiguille puis avec aiguille. Vous verrez que ce n'est pas facile, mais qu'en insistant un peu, très vite cette seringue vous paraîtra anodine. De même, l'aiguille demande un peu de temps d'acclimatation. Mais insistez car, au bout de quelques minutes de maniement, vous découvrirez que ce sont des objets comme les autres.

Durant la dernière étape de notre travail, j'ai demandé à Jason de se piquer lui-même avec la seringue. À ma grande surprise, il l'a fait courageusement, d'un seul coup. Avec dans le regard un je-ne-sais-quoi de triomphant. C'est à ce moment-là que je me suis rendu compte que nous étions parvenus, avec succès, au terme de notre travail.

Attention ! Je sais que je me répète, mais il est important de prendre votre temps pour l'ensemble de ce processus.

POUR LA PETITE HISTOIRE…

Quelques jours à peine après la fin du traitement, Jason, qui est diplomate, a dû quitter Genève. Il allait beaucoup mieux. Il m'a envoyé un message avec un smiley depuis Stockholm où il est maintenant en poste, en me disant qu'il envisageait de passer son diplôme de secouriste !

Chapitre 11

La peur de voler

ENTRE LES MAINS D'UN PARFAIT INCONNU

Annabelle, 36 ans, est expert-comptable dans un cabinet d'audit. Heureusement qu'elle ne travaille que sur une seule région, car elle est incapable de prendre l'avion. Les rares fois où elle l'a fait, elle a été obligée de prendre plusieurs Temesta® de façon à essayer de chasser ses angoisses (sans grand succès). Et c'est dommage, car sa peur de voler l'empêche de voyager à travers le monde et donc d'avoir une carrière internationale, ce qui lui permettrait de grimper dans la hiérarchie de son entreprise.

Sa peur commence dès le moment où elle apprend qu'elle doit voyager et prendre l'avion. Elle n'en dort plus la nuit, ce qui ne fait qu'augmenter son anxiété. Ce qui lui fait peur dans l'avion, c'est l'idée de se trouver en l'air, dans une machine pesant plusieurs tonnes et dont elle ne comprend pas le fonctionnement. De plus, à la différence de la voiture, elle remet sa vie entre les mains d'un parfait inconnu qui peut très bien ne pas être compétent, ou avoir, comme ce fut le cas récemment, des pulsions suicidaires. De même qu'elle n'a aucun contrôle sur le pilotage de l'avion, la complexité du matériel l'angoisse terriblement car il lui paraît possible qu'une pièce au moins de cet appareil dysfonctionne.

Chaque bruit, chaque mouvement un peu brutal de l'appareil sont autant de signaux qu'elle perçoit comme évoquant un danger. De plus, elle supporte très mal d'être enfermée dans « une boîte de sardines » à 10 000 m au-dessus du sol. La présence de tous ces passagers « entassés » dans cet espace restreint lui cause aussi des angoisses.

Annabelle partage cette phobie de voler avec environ 10 % de la population et cela sans compter les personnes qui ne se sentent pas « à l'aise » lorsqu'elles montent dans un avion. Comme le mentionne Annabelle, il existe plusieurs peurs dans la phobie de voler : il y a la peur d'être « en l'air », suspendu dans le vide dans une « boîte de sardines » ; la peur d'être « coincé » dans cette boîte et une forme d'angoisse sociale face à tous les autres passagers qui se trouvent « entassés » avec soi.

MIEUX DÉFINIR VOS PEURS

Comme dans le cas des autres phobies, il est important de définir, dans un premier temps, la nature exacte de vos peurs, même si vous avez l'impression que toutes les peurs mentionnées par Annabelle sont présentes à votre esprit.

Combien de temps avant de prendre l'avion avez-vous peur ? Cette peur augmente-t-elle avec l'approche du départ ? Comment vous sentez-vous dans l'aéroport ? À quel moment la peur de l'avion est-elle la plus intense ? Avant de monter dans l'appareil ? Une fois installé ? Au moment où les moteurs se mettent en marche ? Au moment du décollage ? Lorsque l'avion prend de l'altitude ? Lorsqu'il y a des turbulences ?

Lorsqu'il y a des sons différents en provenance des moteurs ? Au moment de l'atterrissage ? Est-ce le fait d'être enfermé dans une cabine qui vous inquiète ? Le fait que vous n'ayez pas confiance dans l'équipage ? Dans l'appareil lui-même ? Avez-vous peur d'être pris d'angoisses ? De tomber malade en plein vol ?...

Encore une fois, cette liste de questions est loin d'être exhaustive, je suis certain qu'un certain nombre d'autres questions vont vous venir à l'esprit en cours de route. Essayez d'y répondre en toute honnêteté, cela vous permettra de déblayer le terrain pour arriver à mieux vous focaliser sur ce qui vous paraît vraiment inquiétant dans le fait de prendre l'avion.

Une fois que vous aurez répondu à ces questions, passez à l'étape suivante.

RENCONTRES VIRTUELLES AVEC VOS PEURS

Installez-vous confortablement dans un fauteuil ou bien ailleurs, et laissez aller votre imagination.

Le vol du papillon

L'évocation

Vous allez imaginer que vous vous promenez à la campagne dans un chemin bordé de prairies. L'herbe verte est remplie de fleurs de toutes les couleurs. Il y a les coquelicots rouges, les marguerites blanches, les boutons d'or jaunes, les bleuets, les pissenlits et bien d'autres fleurs encore. Vous pouvez voir butiner des abeilles qui vont de fleur en fleur pour récolter leur pollen. Des papillons volent, légers, d'une fleur à l'autre. Ils semblent heureux de déployer leurs ailes multicolores. Vous vous sentez bien, détendu. L'air est à la température que vous aimez. Vous pouvez entendre le chant des oiseaux et même les voir qui volent d'un arbre à un autre puis se posent, repartent, se posent et s'envolent à nouveau dans le ciel bleu de cette belle journée de printemps.

Alors que vous vous sentez en parfaite sécurité à marcher sur ce chemin bordé de prairies, d'arbres et de fleurs, vous pouvez voir, haut dans le ciel, des traînées blanches très longues. Vous savez pertinemment qu'il s'agit d'avions qui volent vers des destinations lointaines et inconnues. Ces traînées blanches, qui sont de la vapeur d'eau, ce sont leurs empreintes, un peu à la manière de vos empreintes de pieds lorsque vous marchez sur le sable. Alors que vous êtes confortablement en train de marcher dans la campagne en toute sécurité, vous imaginez que ces avions s'en vont vers des destinations lointaines comme Hong Kong, Pékin, Rio de Janeiro ou New York. Mais vous, vous préférez être ici dans la campagne et apprécier les odeurs qui se dégagent des champs et des prairies. Vous ne pouvez pas malgré tout vous empêcher de penser à tous ces gens dans ces avions qui se dirigent vers les quatre coins du monde et de vous sentir soulagé d'être là, bien sagement planté sur le plancher des vaches.

Vous allez continuer votre promenade jusqu'à cette rivière un peu plus loin. Marcher le long des berges en profitant de la fraîcheur de l'eau.

Lorsque vous serez bien habitué à cette promenade que vous allez répéter à plusieurs reprises dans votre tête et ceci durant plusieurs jours, vous passerez à l'étape suivante.

Un endroit accueillant

La rencontre indirecte

Vous allez maintenant imaginer que, accompagné par une personne de confiance, un ou une ami(e), une personne avec qui vous vous sentez en parfaite sécurité, vous vous rendez dans un aéroport. Imaginez cet aéroport comme bon vous semble. Il n'a pas besoin d'être « réel » mais ce peut être un endroit accueillant, où vous vous sentez en sécurité. Dans cet aéroport de « rêve », il règne une atmosphère détendue, il y a très peu de monde et une musique douce que vous aimez vous accompagne. Vous vous asseyez à la table d'un bar qui donne sur les pistes et commandez une boisson. Vous êtes loin des avions et une vitre très épaisse vous en sépare. Vous les voyez se déplacer lentement comme dans un film qui

tournerait au ralenti. Par endroits, des voyageurs grimpent à leur bord. Vous observez des camions qui déchargent des valises et d'autres qui les chargent. Des camions-citernes font le plein, des passagers arrivent dans des bus. De ce spectacle, dont vous êtes séparé par cette épaisse vitre, se dégage un aspect irréel, comme une sorte de jeu pour enfants dont vous seriez le spectateur.

Souvenez-vous que vous n'êtes pas dans ce lieu pour prendre l'avion, mais simplement pour vous y promener. L'instant est paisible et reposant. Quand vous aurez terminé votre boisson, vous pourrez continuer votre promenade et aller d'une boutique à une autre, regarder ce qu'ils ont à offrir et qui pourrait correspondre à vos goûts. Vous n'êtes pas sans savoir que ces magasins ne payent pas de taxes et que les produits y sont beaucoup moins chers qu'ailleurs. Cela pourrait vous intéresser, vous qui n'avez bien souvent pas le temps de vadrouiller en ville et de flâner d'un magasin à un autre.

Recommencez à plusieurs reprises cette promenade et lorsque vous vous sentirez parfaitement à l'aise dans ces lieux, passez à l'étape suivante.

Des enfants s'amusent

La rencontre imaginaire

Toujours en pensée, vous allez maintenant imaginer que vous êtes en compagnie d'une personne que vous aimez beaucoup. Une personne en qui vous avez une totale confiance et avec qui vous vous sentez en parfaite sécurité. Ce peut être un membre de votre famille, comme votre grand-père, votre mère ou une cousine éloignée, ce peut être aussi un amour présent ou passé, ou bien encore un très bon ami avec qui vous avez passé de très bons moments. Suivant la nature de vos relations avec cette personne, vous pouvez lui prendre la main ou lui prendre le bras, ou simplement marcher à ses côtés. Ce qui est important, c'est que vous sentiez que cette personne est là pour vous, rien que pour vous, pour vous protéger, pour vous accompagner. Vous sentez la chaleur de sa présence, peut-être même la tendresse que cette personne éprouve pour vous. Mais surtout, vous vous sentez protégé et en toute sécurité.

Avec cette personne, vous allez vous rendre dans le fameux aéroport que vous avez visité durant la seconde étape. Tout y est toujours très calme, seuls des enfants qui s'amusent viennent troubler l'atmosphère paisible qui y règne. Vous allez vous diriger vers la porte d'embarquement. Je sais que ce n'est pas un moment facile pour vous, mais après tout vous êtes accompagné de quelqu'un qui vous redonne confiance et qui est là pour vous, rien que pour vous. Je vous propose de passer un long moment à échanger des souvenirs avec cette personne. Des souvenirs heureux d'un passé proche ou lointain. Et c'est sans même vous en apercevoir que vous embarquez dans l'avion. Il y a bien un petit moment de stress lorsque vous franchissez la porte de l'appareil, mais une fois assis à côté de cette personne en qui vous avez toute confiance et avec laquelle vous vous sentez en toute sécurité, vous reprenez l'évocation de ces souvenirs comme si vous étiez en train de feuilleter un vieil album photos.

Vous continuez votre conversation alors que les portes de l'avion sont closes. Bien sûr, vous pouvez ressentir une certaine inquiétude, mais le plaisir d'évoquer ces souvenirs est plus grand que votre inquiétude. Et d'ailleurs, si l'envie vous en prend, vous pouvez saisir la main de la personne qui vous accompagne et sentir tout le courant tranquille et apaisant qui passe de cette personne vers vous. L'avion est en train de décoller et même si vous ressentez une certaine appréhension, le courant paisible continue de circuler entre vous et vous pouvez vous détendre.

Répétez cet exercice mental aussi souvent que possible. Si vous en avez envie, vous pouvez ajouter certains détails concernant soit l'aéroport, soit la personne qui vous accompagne, soit l'avion lui-même. Au bout d'un certain temps, vous verrez, ce sont les souvenirs heureux que vous évoquiez avec cette personne qui vont dominer, la tendresse, la douceur, le plaisir.

LES TRAVAUX PRATIQUES : LA DÉSENSIBILISATION EN ELLE-MÊME

Avec Annabelle, le processus de désensibilisation a été précédé par un grand nombre de séances de rencontres imaginaires, ce qui fait que l'accoutumance auditive, celle qui consiste à se familiariser avec un vocabulaire lié à la phobie, n'a pas été nécessaire. Si ce n'est pas le cas pour vous, feuilletez des magazines d'aviation. Je sais, ils peuvent être particulièrement rébarbatifs pour ceux qui ne sont pas passionnés par l'avion, mais au moins vous allez vous familiariser avec ce vocabulaire, de même qu'avec les avions sous toutes leurs formes et sous tous les angles. Les bandes dessinées offrent une alternative plus ludique.

Comme la phobie d'Annabelle était particulièrement forte, nous sommes allés à plusieurs reprises à l'aéroport. Tout d'abord sans y pénétrer, nous sommes juste passés devant sans nous arrêter. Puis peu à peu, tout en poursuivant les rencontres imaginaires, nous sommes entrés dans l'aérogare pour aller prendre un verre, puis même une fois pour déjeuner.

Le premier vol que nous avons effectué n'a pas duré plus de 30 minutes, mais pendant ces 30 minutes, je dois avouer que je n'ai pas cessé de parler, de façon à « distraire » Annabelle de ses appréhensions. Nous avons effectué deux autres vols. Ensuite, Annabelle a été capable de prendre l'avion toute seule. C'est pourquoi, pour les premiers vols, je ne saurais trop vous recommander de vous faire accompagner d'une personne en qui vous avez une totale confiance et si possible un lien très fort.

POUR LA PETITE HISTOIRE…

La thérapie d'Annabelle a comporté, non seulement plusieurs visites à l'aéroport, mais aussi de brefs voyages. Annabelle, qui voyage maintenant beaucoup plus facilement en avion, le fait avec des transes que nous avons préparées ensemble et enregistrées sur son téléphone portable. Elle utilise ces enregistrements de moins en moins souvent, et uniquement lorsque des bouffées d'angoisse refont surface.

Chapitre 12

La timidité qui handicape

ANGOISSÉE À L'IDÉE D'ENGAGER UNE CONVERSATION

Charlotte, 26 ans, à la recherche d'un emploi, est venue consulter parce qu'elle souffrait d'une timidité extrême qui la handicapait, non seulement dans sa vie affective, mais aussi dans sa quête d'un emploi. C'est en pleurant et avec beaucoup de difficultés qu'elle me raconta son histoire.

Alors qu'elle se souvenait avoir été une petite fille « heureuse » et sans inhibition aucune, à un moment donné, durant son adolescence, il s'était passé quelque chose qu'elle ne pouvait

définir, mais qui avait fait qu'elle était devenue d'une timidité extrême.
Entrer en communication avec des personnes qu'elle ne connaissait pas lui était maintenant quasiment impossible. Les mots ne sortaient plus de sa bouche, elle se sentait rougir et transpirait abondamment. Le résultat était qu'elle se trouvait ridicule et avait honte d'elle-même, ce qui ne faisait qu'amplifier le phénomène.
Elle était maintenant angoissée à l'idée même d'engager la conversation avec quelqu'un qu'elle ne connaissait pas. Inutile de dire qu'elle était incapable d'entrer en relation avec un homme et qu'il lui était arrivé de rester muette durant un entretien d'embauche. Elle avait fini par éclater en sanglots et s'était précipitée hors de la salle sans demander son reste. De plus, elle se sentait terriblement seule et désespérée.

Les phobies sociales, telles que l'extrême timidité dont souffrait Charlotte, touchent environ 10 % de la population. Ce sont avant tout des peurs intenses qui surviennent dans certaines situations sociales. Il peut s'agir de situations où la personne est obligée de se montrer « à la hauteur », ou bien lorsqu'elle se sent observée.

Ce peut être à un moment où elle doit défendre ses droits ou donner son point de vue. Certaines de ces phobies vont se manifester lorsqu'il s'agit d'entrer en contact avec une personne inconnue ou plus simplement de devoir parler avec une autre personne, ne serait-ce que de la pluie et du beau temps.

MIEUX DÉFINIR VOS PEURS

Dans ce cas, le questionnement auquel vous allez vous livrer est particulièrement important car il va vous permettre de « localiser » la ou les situations qui sont pénibles, mais aussi la ou les situations où vous pouvez vous sentir un peu plus à l'aise.

Avez-vous peur d'entrer en contact avec les autres ? Face à qui êtes-vous le plus timide ? Vous souvenez-vous d'une situation durant laquelle vous n'avez pas ressenti de timidité ? À partir de combien de personnes vous sentez-vous mal ? Est-ce que, lorsque vous êtes face à un groupe, vous avez peur

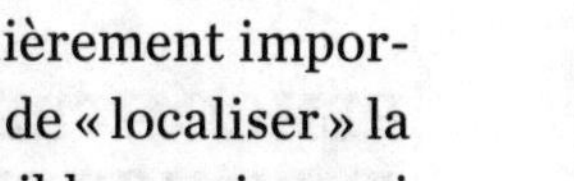

d'être humilié ou agressé ? Avez-vous le désir d'être oublié ? Est-ce que vous vous sentez gêné d'être en société ? Évitez-vous tous contacts sociaux de façon à ne pas être rejeté ? Avez-vous l'impression d'être sans cesse jugé par les autres ? Avez-vous l'impression d'ennuyer tout le monde ? Avez-vous l'impression de ne pas être entendu ?

Une fois que vous aurez répondu à ces questions, passez à l'étape suivante.

RENCONTRES VIRTUELLES AVEC VOS PEURS

Installez-vous confortablement dans un fauteuil ou bien ailleurs, et laissez aller votre imagination.

Une planète merveilleuse

L'évocation

Vous allez imaginer que vous êtes sur une autre planète. Sur cette planète, vous êtes seul ou accompagné des personnes que vous aimez et en qui vous avez parfaitement confiance. De plus, à tout moment, souvenez-vous que c'est votre planète sur laquelle vous régnez en maître absolu. Tout y est possible pour vous et nul autre n'y a son mot à dire. Vous vous sentez bien sur cette planète, libre de faire et d'être ce que vous avez envie de faire et d'être. Si vous avez envie de dire quelque chose, vous pouvez le faire sans crainte d'être jugé par qui que ce soit, car vous êtes seul sur cette planète, ou entouré de personnes qui vous aiment et vous écoutent. Vous respirez profondément et vous sentez l'air pur entrer dans vos poumons. Vous sentez comme votre corps se développe, grandit, s'épanouit.

À tout moment, vous pouvez parler librement. Peu importe qu'il y ait ou non quelqu'un pour vous écouter, mais vous pouvez vous exprimer sur tous les sujets qui vous tiennent à cœur. Peut-être un oiseau vous regarde-t-il avec curiosité ? Si vous vous trouvez par trop ridicule de tenir ces discours sans que personne ne vous écoute, vous pouvez imaginer que quelqu'un est là. Je vous laisse le choix de la personne. Pour l'instant, cette personne ne fait qu'écouter sans rien dire, sans rien penser. Vous vous sentez bien, très bien, libre de toute contrainte et de tout jugement.

Vous allez répéter cet exercice en laissant vagabonder votre esprit. N'oubliez pas que vous pouvez tout faire, tout dire, être ce que bon vous semble sur cette planète qui est la vôtre. Et lorsque vous vous sentirez suffisamment à l'aise, vous pourrez passer à l'étape suivante.

L'album de vos souvenirs

La rencontre indirecte

Vous allez maintenant imaginer que vous êtes chez vous ou dans un tout autre lieu où vous vous sentez en parfaite sécurité. L'atmosphère est détendue, et pour l'instant vous êtes seul. L'heure est venue pour vous de dîner d'un repas délicieux, arrosé d'un verre de votre vin préféré, peut-être plus simplement êtes-vous en train de vous délasser en lisant un livre ou en regardant la télévision dans votre salon.

Fermez les yeux et je vais maintenant vous demander de feuilleter l'album de vos souvenirs et de retrouver dans cet album imaginaire un moment, une occasion même fortuite, durant laquelle vous avez été à l'aise avec quelqu'un. Ce moment peut être récent ou fort ancien, cela n'a aucune importance. Cette personne était peut-être votre grand-père, votre tante, un ami proche ou lointain, ou un tout autre personnage. Dans votre imaginaire, vous allez installer cette personne dans votre salon, sur un canapé ou sur une chaise, peu importe. Ce qui se dégage de cette personne est avant tout un sentiment de sécurité, de confiance, de chaleur humaine et pourquoi pas d'amour. Vous allez, autant que faire se peut, rejouer ce moment ou cette occasion durant laquelle vous vous êtes trouvé particulièrement bien avec cette personne et en retrouver toutes les sensations physiques.

Peut-être était-ce un jour où votre grand-mère vous lisait un livre et où vous avez juste posé votre tête sur son épaule en écoutant sa douce voix et où vous avez pu lui dire combien vous l'aimiez. Peut-être était-ce avec un ami auquel vous avez pu confier vos joies et vos peines lors d'une soirée au clair de lune. Bien sûr, je n'ai pas accès à votre album de souvenirs, mais laissez-vous aller à le feuilleter et à en extraire ce qui vous fait du bien.

Une fois que vous aurez localisé ce moment et que vous serez parvenu à recréer toutes les conditions physiques qui l'entouraient, vous allez pouvoir vous épancher et raconter à cette personne ce que vous ressentez, ce que vous êtes, vos difficultés, vos rêves et votre réalité. Lorsque vous vous sentirez parfaitement à l'aise avec cette personne qui vous écoute, vous comprend, vous apprécie sans jugement, vous pourrez peut-être trouver un autre moment dans votre passé, avec une autre personne, où vous avez eu le même ressenti. Faites entrer cette seconde personne dans votre salon et en présence de ces deux personnes en qui vous avez une totale confiance, parlez, soyez vous-même, aussi détendu que possible, libre de faire ce que vous avez envie de faire et de dire ce que vous avez envie de dire.

Au fur et à mesure que le temps passe, vous vous accoutumez à avoir tous ces gens dans votre salon et vous allez pouvoir faire entrer de nouvelles personnes. Vous n'en aurez jamais plus de trois à la fois, voire quatre au maximum. L'essentiel étant que vous continuiez à parler et à bien ressentir ce qui se passe tout en restant décontracté et libre.

Puis, lorsque vous sentirez le moment venu, passez à la dernière étape.

La soirée

La rencontre imaginaire

Vous allez maintenant imaginer un groupe de personnes que vous connaissez ou que vous ne connaissez pas, comme vous le préférez. Ces personnes sont debout dans une pièce et sont en train de parler. Peut-être s'agit-il d'une réception, ou d'une rencontre professionnelle, peu importe. Vous allez opérer ce que l'on appelle une dissociation. C'est un exercice imaginaire qui va consister à rester éloigné de ce groupe tout en vous en approchant, comme si vous vous étiez dédoublé. Et vous allez observer ce que fait votre double.

Tout d'abord, votre double va s'avancer vers le groupe et ce groupe va s'écarter afin de lui laisser une place. Vous pouvez entendre ce qu'il dit, voir ce qu'il fait, mais vous restez tout de même un observateur de la scène. Ce groupe de personnes composé de trois hommes et de trois femmes, parle d'un sujet qui vous intéresse : peut-être s'agit-il de problèmes d'environnement, de politique, ou plus simplement de cuisine ou de la pluie et du beau temps. Vous allez très rapidement vous apercevoir que votre double commence à prendre la parole.

Et que non seulement il parle, mais que les autres l'écoutent. Je sais que ce n'est pas pour vous une situation confortable et que peut-être même vous êtes tendu à l'idée que votre double soit rejeté et que l'on puisse se moquer de ce qu'il dit, ou même qu'il soit ignoré.

Au fur et à mesure que votre double parle, la conversation s'arrête et les participants l'écoutent attentivement. Pourtant, d'après vous, ce qu'il dit n'a rien d'exceptionnel. Mais le fait est que les autres trouvent ses paroles intéressantes. Peu à peu, vous pouvez sentir une certaine détente qui s'installe dans votre corps. Certes, au début, cette détente est très limitée. Elle peut se manifester par exemple dans vos doigts de pieds qui jusqu'alors étaient crispés et qui, peu à peu, se relâchent. Elle peut aussi se manifester par une détente des muscles de vos épaules, de votre cou, de votre dos. Dans le groupe, la conversation s'emballe et vous pouvez constater que votre double est parfaitement à l'aise.

Vous allez respirer profondément et vous approcher très lentement de ce groupe de personnes et plus particulièrement de votre double. Bien sûr, vous ressentez une certaine inquiétude à l'idée de vous mêler à la conversation. Je vous propose d'accepter cette inquiétude, c'est quelque chose de tout à fait normal. Cette approche du groupe va se faire sur plusieurs « séances ». À un moment donné, lorsque vous vous sentirez plus ou moins à l'aise, vous allez fusionner avec votre double. Je sais, c'est une vue de l'esprit et ce n'est pas quelque chose qui est évident à faire, mais vous verrez qu'après un certain nombre d'essais c'est une « jonction » qui se fera automatiquement.

Lorsque cette jonction se sera opérée, vous allez vous retrouver dans votre corps, unique cette fois, et vous allez pouvoir commencer à participer à la conversation, puisque votre place vous a été préparée par votre double. Les gens vous connaissent et vous les connaissez. Les visages qui vous entourent sont amicaux et vous vous sentez le bienvenu dans le groupe.

Lorsque vous vous sentirez suffisamment à l'aise avec ce scénario, passez aux travaux pratiques.

LES TRAVAUX PRATIQUES : LA DÉSENSIBILISATION EN ELLE-MÊME

Le problème du type de phobie dont souffrait Charlotte ou des phobies sociales en général, c'est qu'avec le temps on devient maître dans l'art de l'évitement. Elle était donc devenue une spécialiste des alibis pour ne pas sortir le soir avec ses collègues, pour se tenir à l'écart lorsqu'il y avait une conversation de groupe... En fait, mille et une façons de ne pas dire ou faire ces choses qui lui faisaient peur.

Comme il a déjà été dit plus haut, plus elle se confortait dans cette attitude d'évitement et plus le message qui était envoyé à son cerveau confirmait qu'il y avait un danger potentiel. Pour résoudre le problème de Charlotte, nous ne pouvions pas faire l'économie d'une confrontation. Au début, cette confrontation lui sembla insurmontable, mais avec la préparation mentale que nous avions effectuée tout se passa au mieux.

Lorsque vous en serez à ce stade de votre propre thérapie, je ne saurais trop vous recommander de faire ces « travaux pratiques » accompagné d'une personne de confiance. Cette étape n'en sera que plus agréable et plus efficace. Si, à cause même de cette phobie, vous n'aviez pas « sous la main » de « personne de confiance », n'hésitez pas à faire ce chemin seul en allant suffisamment lentement et surtout en prenant soin de vous. Par soin de vous, j'entends : en ne vous fustigeant pas sous prétexte que vous n'avez pas réussi à faire une chose ou une autre. Ce n'est absolument pas de votre faute, c'est simplement que vous n'étiez pas prêt !

Le premier exercice que j'ai demandé à Charlotte de faire était à la fois simple en soi mais compliqué pour elle. Charlotte avait jusque-là pour habitude de s'habiller de la façon la plus discrète possible, en gris ou en noir, pour « passer inaperçue », ne pas se faire remarquer. Je lui ai donc demandé de venir à la séance suivante avec un vêtement de couleur. Après avoir tergiversé pendant pas mal de temps et m'avoir affirmé qu'elle n'avait pas ce genre de vêtement dans ses placards, Charlotte a fini par accéder à ma demande. La fois suivante, elle est venue à mon cabinet avec un magnifique pull bleu marine encore fort discret. Ce n'est qu'à la quatrième séance suivant ma demande qu'elle a fini par arriver vêtue d'une belle veste rouge.

Tout en me confiant qu'elle avait eu l'impression que tout le monde dans la rue la « regardait d'un drôle d'air ». Par la suite, elle a continué à s'habiller avec des vêtements plus colorés qui lui allaient d'ailleurs très bien. Essayez, vous aussi, cet exercice qui consiste à passer moins inaperçu. Vous verrez qu'après les premiers instants de gêne, qui ne devraient pas dépasser les 30 minutes, vous vous sentirez parfaitement à l'aise. De plus, cela peut devenir une habitude très agréable.

Le second exercice auquel nous nous sommes livrés a consisté à assister à une conférence. Le but était, à la fin de cette réunion, de poser une question. Il s'agissait de toute une série de conférences sur le cerveau et la peur. J'avais demandé à Charlotte de préparer une question d'ordre général qu'elle avait pour mission de poser au conférencier au moment de la session des questions-réponses, en fin de séance. À la première soirée, Charlotte avait effectivement préparé, par écrit, une question bien précise. Mais elle a été incapable de la poser. Ce n'est que le troisième soir de ce cycle de conférences qu'elle a réussi à lever la main suffisamment haut pour que le conférencier la remarque et à poser sa question. Sa voix était certes un peu tremblante, mais elle l'a fait. Je dois dire que j'ai été quelque peu surpris quand le lendemain soir, sans m'en avoir informé, elle a posé non pas une mais deux questions fort pertinentes dans une salle presque comble. De votre côté, allez assister à un tel événement, à nouveau si possible avec un ou une ami(e), et posez une question que vous aurez préparée d'avance. Si, comme Charlotte, vous n'y parvenez pas du premier coup, réessayez une autre fois. Vous finirez par y arriver et alors, vous verrez comme c'est bon pour votre ego.

Fort de cette « victoire », j'ai demandé à Charlotte de se joindre à la conversation d'un groupe. Dans un premier temps, elle devait s'approcher d'un groupe de personnes qu'elle connaissait et rester avec eux sans parler. Pour faire passer la pilule, je lui ai rappelé ces dictons qui disent : « La parole est d'argent mais le silence est d'or » ou « Le silence est l'un des grands arts de la conversation ». J'étais présent lors de ses premiers essais. Puis une fois où elle était particulièrement intéressée par ce qui se disait, je me suis discrètement éclipsé,

la laissant seule avec le groupe. Je l'ai aussi assistée lors de la seconde étape qui a consisté à prendre la parole dans ce même groupe. J'ai commencé par le faire moi-même, puis avec le temps et après l'avoir prévenue de mon intention, je l'ai prise à témoin et « obligée » à participer à la conversation en lui posant une question. Comme il s'agissait d'un groupe relativement petit et de personnes connues, elle a rapidement pris confiance et a fini par parler sans que j'aie à intervenir. Prenez modèle sur ce qui s'est passé et, avec la complicité d'un ami, faites-en autant.

POUR LA PETITE HISTOIRE...

Même si Charlotte n'est toujours pas une personne « extravertie », elle a trouvé un emploi qui lui convient comme bibliothécaire. Emploi qui lui a permis de rencontrer un compagnon lui aussi très « réservé ».

Chapitre 13

L'angoisse, l'anxiété et les crises de panique

CRISE D'ANGOISSE DANS LE MÉTRO

Magali, 28 ans, a fait une crise d'angoisse, ce qui l'a poussée à venir consulter, inquiète que cela puisse se reproduire.
Un soir, à l'heure de pointe, alors qu'elle rentrait en métro de son travail, le convoi s'est arrêté en pleine voie. Les lumières se sont éteintes. Elle était debout, comprimée entre plusieurs personnes. Au bout de quelques minutes, alors

qu'aucune explication n'avait été donnée aux passagers, elle a senti l'angoisse monter.
Il s'agissait tout d'abord d'une sorte de boule au creux de l'estomac, puis elle a commencé à avoir du mal à respirer, son cœur s'est mis à battre la chamade. Très rapidement, elle a commencé à transpirer au point que ses vêtements étaient trempés. L'instant d'après, sa tête s'est mise à tourner. Elle avait l'impression qu'elle allait s'évanouir. Elle en était certaine, le métro n'allait pas repartir et ils allaient tous mourir asphyxiés ou un incendie allait se déclarer et ils allaient mourir brûlés.
Heureusement, juste à ce moment-là, les lumières se sont rallumées et le convoi s'est remis en route. Mais malgré tout, à la station suivante, lorsqu'elle est descendue sur le quai, tout tournait autour d'elle. Il lui fallut rester assise un long moment sur un banc avant de pouvoir reprendre son voyage.
Depuis, Magali ne s'aventure plus dans le métro. Elle reste le plus tard possible au bureau de façon à éviter les heures de pointe et pour rentrer chez elle, elle prend soit le bus, soit un taxi.

Les crises d'angoisse comme celle qu'a vécue Magali sont beaucoup plus répandues qu'on pourrait le penser, puisque 10 % de la population en font l'expérience chaque année. Ces crises touchent essentiellement des jeunes entre 15 et 45 ans, et en grande majorité des femmes. Ces crises d'angoisse peuvent avoir des répercussions très importantes, puisque certaines personnes qui ont vécu ces crises peuvent très bien ne plus oser sortir de chez elles de peur de les voir se reproduire.

Le problème des crises d'angoisse est qu'elles n'ont pas besoin de se reproduire fréquemment pour être... angoissantes.

MIEUX DÉFINIR VOS PEURS

Vous avez l'impression, j'en suis certain, de très bien connaître les tenants et les aboutissants de vos crises d'angoisse. Pourtant, je vous engage à les investiguer d'une façon systématique en répondant à un certain nombre de questions. En voici quelques exemples, mais je suis sûr que vous allez en trouver d'autres. Ces questions ont pour but de vous raccrocher à la réalité et de distinguer les vrais dangers des autres, et d'en prendre la mesure.

Avez-vous fréquemment des crises d'angoisse ? Quand et comment se manifestent-elles ? Quels sont les symptômes que vous ressentez avant, pendant et après ces crises d'angoisse ? Ces crises d'angoisse surviennent-elles plus fréquemment lorsque vous êtes fatigué ou stressé ? Sont-elles imprévisibles ? Que ressentez-vous physiquement ? Dans quelle partie de votre corps cette sensation est-elle concentrée ? Ou bien s'agit-il d'une douleur diffuse ? Que pensez-vous de ces crises d'angoisse ?

Une fois que vous aurez répondu à ces questions, passez à l'étape suivante.

RENCONTRES VIRTUELLES AVEC VOS PEURS

Installez-vous confortablement dans un fauteuil ou bien ailleurs, et laissez aller votre imagination.

La marée descendante

L'évocation

Vous allez imaginer que vous êtes au bord de la mer, sur une plage en Bretagne. Le ciel est chargé de nuages gris qui laissent par endroits percer le soleil. Des mouettes volent dans le ciel et vous pouvez sentir l'air vivifiant de l'océan qui vous enveloppe. La marée est haute et les flots arrivent jusqu'en haut de la plage. Vous vous trouvez sur une sorte de talus qui vous permet de surplomber cette immense plage. Les vagues viennent s'échouer sur la grève à un rythme régulier.

Peu à peu, sans que vous en ayez vraiment conscience, le niveau de la mer va descendre. Il ne s'agit tout d'abord que de quelques centimètres puis, rapidement, vous vous rendez compte que la marée a baissé de près de 1 mètre, découvrant des étendues de sable jusque-là cachées par les flots. Il semble que chaque vague qui succède à la précédente a un peu moins de force pour monter sur la grève. Au fur et à mesure que la marée descend, du sable humide est découvert. Parallèlement, le ciel lui aussi se défait de sa grisaille et le bleu a tendance à remplacer les lourds nuages qui l'obstruaient.

Avec cette marée qui descend, vous avez la très nette impression que la tension qui semblait régner sur cette plage diminue. Le ciel est de plus en plus clair, le soleil brille, la mer descend, descend, descend. Bientôt, les flots sont tellement loin que vous ne pouvez pas résister à l'envie de vous rendre sur cette plage. Par endroits, les flots ont laissé quelques flaques d'eau. Des coquillages font ressortir des tortillons du sol. Tout est calme et tranquille. Vous vous sentez comme apaisé, détendu, en paix.

Quand, au bout de quelques jours, vous sentirez cette paix intérieure s'installer plus durablement, vous passerez à l'étape suivante.

Un champ de fleurs

La rencontre indirecte

Vous allez imaginer que vous êtes dans un endroit où vous vous sentez quelque peu à l'étroit. Ce peut être un ascenseur, dans le métro aux heures de pointe, ou dans un tout autre lieu où cette sensation est présente. Vous n'avez pas besoin de revivre ces moments difficiles mais simplement d'essayer d'éprouver dans votre corps ce que vous avez pu ressentir lors de cette épreuve. Peut-être ce léger sentiment d'étouffement, cette boule qui se forme dans le ventre, cette compression de la poitrine Faites l'effort de vous souvenir pendant quelques instants seulement, sans laisser le temps à toutes ces sensations de reprendre possession de votre corps et de votre esprit.

Puis vous allez immédiatement penser à un champ de fleurs. Des fleurs multicolores, des coquelicots rouges, des boutons d'or, des marguerites, des bleuets, des épis de blé, des papillons blancs qui volent d'une fleur à une autre, des papillons colorés qui volent dans les herbes vertes avec en surplomb un ciel bleu. Puis respirez profondément une fois, une fois encore, et vous pouvez sentir l'odeur du foin, de l'herbe coupée, du blé, des fleurs. Respirez encore bien profondément et sentez comme vous êtes léger, léger comme un papillon, léger comme une fleur. Vous sentez comme vous êtes de plus en plus détendu, comme vous vous sentez de plus en plus libre, de plus en plus léger ? Le ciel est d'un bleu très pur, des oiseaux volent, vous vous sentez bien. Très bien.

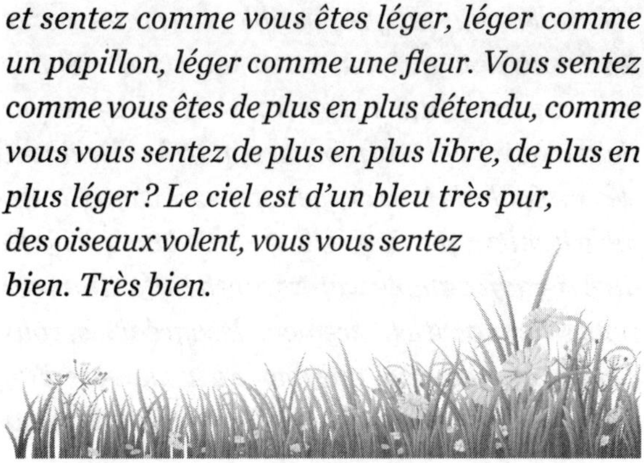

Refaites, aussi souvent que vous le désirez, ce rêve éveillé, et lorsque vous vous sentez suffisamment à l'aise dans ce champ de fleurs, passez à l'étape suivante.

Les photos

La rencontre imaginaire

Vous allez à nouveau évoquer cet épisode particulièrement désagréable où vous avez pu ressentir de l'angoisse. Je sais que ce n'est pas quelque chose de très agréable mais vous verrez comme ce souvenir va peu à peu s'estomper. Vous vous retrouvez donc, en pensée, à ce moment précis où vous avez pu ressentir ces angoisses.

Vous allez, autant que possible, vous remémorer les détails de ce qui vous entourait. Si par exemple cela se passait dans le métro, vous allez essayer de retrouver cette atmosphère particulièrement désagréable de tous ces gens pressés contre vous, de la lumière qui s'est éteinte, de l'odeur qui peut-être régnait dans ce wagon surchauffé. Tous ces petits riens particulièrement désagréables, vous allez les mettre dans une image à la manière d'un peintre. Vous allez visualiser l'ensemble, puis vous allez effacer cette image. Un peu comme lorsque l'on efface un tableau noir, où que l'on passe dans un album photo d'une page à une autre, d'une photo à une autre.

Vous allez maintenant penser à un moment où, dans votre vie, vous vous êtes senti particulièrement bien. À un moment où vous vous êtes senti en toute sécurité, à un moment où vous vous êtes senti détendu. Là aussi, vous allez construire une image avec tous les éléments qui composaient ce tableau agréable : vos sensations corporelles, l'endroit, les personnes qui vous entouraient, la température, la lumière, peut-être même les meubles ou le paysage. Vous allez vous placer dans cette photo comme il vous semble que vous étiez à l'époque. Je vous suggère de juste profiter de ce moment agréable.

Puis vous allez passer d'une image à l'autre, de la photo désagréable à la photo agréable. Du moment où vous avez ressenti cette angoisse, au moment où vous avez pu vous sentir en parfaite sécurité. Vous allez ensuite transformer la photo désagréable en une photo en noir et blanc et peu à peu, devant vos yeux fermés, vous allez la réduire jusqu'à ce qu'elle devienne plus qu'une minuscule vignette dans votre mémoire et au contraire, vous allez agrandir la photo magnifique, symbole de sécurité et de plaisir. Jouez avec ces deux images jusqu'au moment où vous aurez fait complètement disparaître l'image de votre angoisse pour la remplacer par celle, colorée, de ce magnifique moment de plaisir.

Lorsque vous aurez « jonglé » pendant quelques jours avec ces deux photos, passez aux travaux pratiques.

LES TRAVAUX PRATIQUES : LA DÉSENSIBILISATION EN ELLE-MÊME

Dans ce cas à nouveau, la première réaction que spontanément vous pouvez avoir, est celle de vous protéger, c'est-à-dire de ne plus vous mettre en situation de risquer de faire une crise d'angoisse ou une crise de panique. Dans le cas précis de Magali, de ne plus prendre le métro car le risque est trop grand de refaire cette expérience particulièrement pénible. Comme je l'ai mentionné plus haut, même si à court terme cela semble être une bonne façon de procéder, dans le long terme, c'est envoyer à votre inconscient un message plutôt dangereux, car il va le conforter dans le fait qu'une telle crise est inéluctable et qu'elle représente un danger concret. Or, si vous prenez un peu de recul, vous savez très bien que ce n'est pas le cas. Mais votre inconscient, lui, qui est là pour vous protéger, ne voudra pas prendre de risque. Et il y a fort à parier qu'un phénomène « d'escalade » se mette en place, que cette pseudo « protection » se généralise et que l'angoisse envahisse d'autres sphères de votre vie. Il est donc essentiel de « désamorcer » cette spirale infernale.

Dans le cas de Magali, nous avons tout d'abord passé pas mal de temps à parler du métro, ceci de façon à dédramatiser verbalement sa vision de ce lieu qui avait été le théâtre de sa crise de panique. Étrangement, cette partie auditive de la désensibilisation fut assez facile. Ce n'est pas vraiment le lieu qui la hantait, mais la possibilité qu'une telle crise se répète. Vous allez, vous aussi, commencer par parler avec un ami du lieu où s'est déroulée votre première crise de panique.

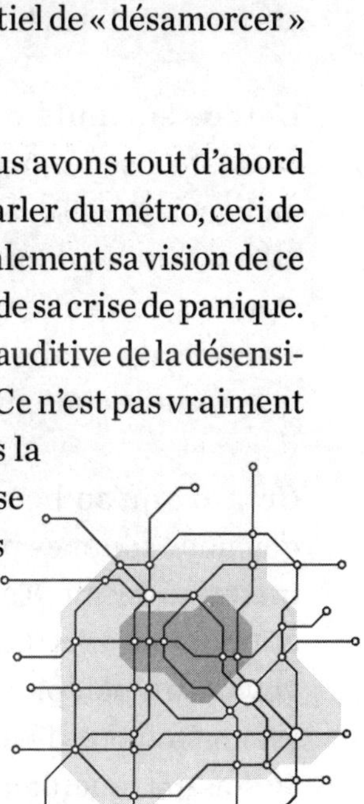

Dans un deuxième temps, grâce à un album de photos artistiques sur le métro, nous avons regardé des clichés du métro. Allant jusqu'à les commenter, tout d'abord d'un point de vue purement « artistique », puis sur ce que ces images évoquaient à Magali. Nous avons d'ailleurs passé un long moment devant l'image d'une foule agglutinée dans un wagon à l'heure de pointe à Tokyo. Si vous ne trouvez pas un tel livre, vous pourrez trouver des images similaires sur Internet.

L'étape suivante a été plus délicate, elle a consisté à se rendre aussi près que possible du lieu de la crise. Nous avons commencé par aller à l'entrée du métro, puis peu à peu nous sommes descendus sur le quai. À nouveau, je vous engage à faire cette démarche avec une personne de confiance.

Ce n'est qu'au bout du cinquième « essai » que nous sommes parvenus à monter dans le métro lui-même. Tout d'abord pour une seule et unique station, puis peu à peu nous avons voyagé un peu plus longtemps. Ces voyages avaient toujours lieu durant les heures creuses. Je dois dire que, dans les premiers temps, la clé de la réussite de l'opération a souvent été une discussion incessante sur des sujets qui intéressaient Magali au point de lui faire « oublier » le lieu où elle se trouvait. J'ai mis oublier entre guillemets car je ne suis pas certain que cela ait été le cas, il s'agissait plutôt de parler pour éviter de penser ! Peu importe, le résultat est que finalement, les voyages en métro sont devenus beaucoup plus faciles, voire anodins. Peu à peu nous avons pris ce métro à des heures moins propices, sans pour autant que les crises ne reviennent.

Une dernière recommandation avant que vous ne vous lanciez, prenez votre temps, soyez patient et vous verrez que, comme Magali, vous parviendrez à surmonter ces inquiétudes.

POUR LA PETITE HISTOIRE...

Peu à peu, Magali a repris le métro toute seule. Elle n'a plus jamais eu de crise d'angoisse, mais la crainte demeure. Nous nous voyons encore périodiquement pour effacer le plus possible cet événement de sa mémoire et surtout estomper les craintes qui lui sont liées.

QUELQUES MOTS POUR CONCLURE

J'espère que ces quelques pages vous ont aidé à progresser sur la voie du mieux-être. Si elles n'ont peut-être pas résolu tous vos problèmes liés aux phobies, à l'angoisse, à l'anxiété et aux crises de panique, j'aimerais simplement qu'elles vous aient permis de prendre conscience que ces phobies et autres peurs ne sont pas des « fatalités » et que vous avez la possibilité de vous « en sortir ». Certes, ce n'est pas toujours chose facile, mais c'est tout à fait faisable.

S'il n'y avait que trois choses que vous deviez retenir de ce livre ce serait, la première, que la peur est loin d'être une ennemie, elle est avant tout une amie qui est là pour vous protéger. La seconde serait que même si votre inconscient exagère ces peurs et les transforme en phobie, c'est, dans le fond, pour mieux vous protéger, et que s'il a appris de façon excessive à mieux vous protéger, il peut aussi changer d'attitude pour diminuer son seuil de protection. Enfin, souvenez-vous que vous êtes plus fort que ces phobies et ces angoisses. Vous êtes tout à fait capable de les dominer et même si elles ne disparaissent pas complètement, j'espère que ces quelques pages vont vous permettre de vivre avec, et surtout de vivre mieux.

Merci d'avoir pris le temps de m'accompagner dans ce petit voyage qui je l'espère vous aura été utile.

Avec toutes mes sincères amitiés,

Jean-Michel Jakobowicz

TABLE DES MATIÈRES

Du même auteur, aux éditions Leduc.s

Vive l'autohypnose ! c'est malin

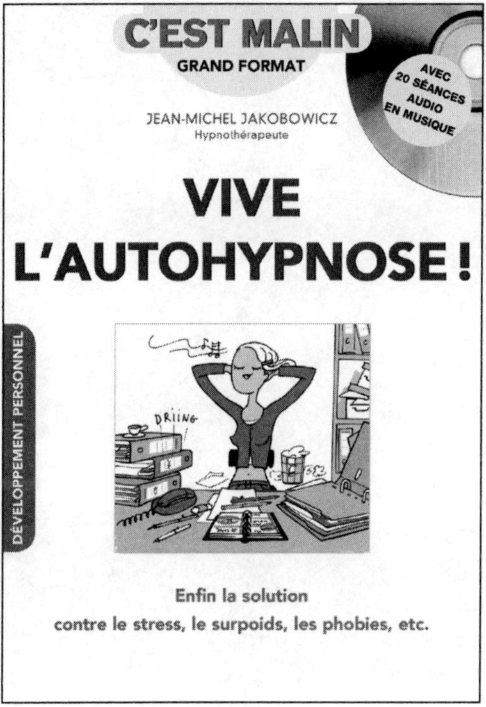

Format : 15 × 21 cm
Pages : 176
ISBN : 979-10-285-0104-4

Enfin la solution contre le stress, le surpoids, les phobies, etc. Avec un CD comprenant 20 séances audio en musique.

Mieux communiquer grâce à la PNL, c'est malin

Format : 15 × 21 cm
Pages : 208
ISBN : 979-10-285-0026-9

Maîtrisez l'essentiel de la Programmation neuro-linguistique pour décrypter et surmonter angoisses, conflits…

Téléchargez des séances d'hypnose audio exclusives ainsi que des séances vidéo pour vous aider à surmonter le vertige.

Rendez-vous sur la page :

http://www.quotidienmalin.com/surmontez-vos-peurs

ou scannez ce code

Achevé d'imprimer en Espagne
par Novoprint
Dépôt légal : février 2016